DIDÁTICA COM CRIATIVIDADE

Uma abordagem na Educação Física

Dados Internacionais de Catalogação na Publicação (CIP)
(Câmara Brasileira do Livro, SP, Brasil)

Tibeau, Cynthia C. Pasqua M.
Didática com criatividade : uma abordagem na
educação física / Cynthia C. Pasqua M. Tibeau. --
1. ed. -- São Paulo : Ícone, 2011 .

Bibliografia.
ISBN 978-85-274-1151-6

1. Atividades criativas 2. Criatividade
(Educação) 3. Educação - Programas de atividades
4. Educação física - Estudo e ensino 5. Professores
de educação física - Formação I. Título.

10-11697   CDD-796.071

Índices para catálogo sistemático:

1. Criatividade : Educação física na prática
escolar : Esportes   796.071

Cynthia C. Pasqua M. Tibeau

DIDÁTICA COM CRIATIVIDADE

Uma abordagem na Educação Física

1ª edição
Brasil – 2011

© Copyright 2011
Ícone Editora Ltda.

Capa e diagramação
Richard Veiga

Revisão
Juliana Biggi
Marsely De Marco Dantas

Proibida a reprodução total ou parcial desta obra, de qualquer forma ou meio eletrônico, mecânico, inclusive por meio de processos xerográficos, sem permissão expressa do editor (Lei n° 9.610/98).

Todos os direitos reservados para:
ÍCONE EDITORA LTDA.
Rua Anhanguera, 56 – Barra Funda
CEP: 01135-000 – São Paulo/SP
Fone/Fax.: (11) 3392-7771
www.iconeeditora.com.br
iconevendas@iconeeditora.com.br

Prefácio

Prefaciar um livro da Cynthia é para nós um grande privilégio. Primeiro, por nossa admiração por seu trabalho como professora, musicista e pesquisadora e, segundo, por sermos quatro grandes amigas de viagens, alegrias, tristezas, trabalho, descobertas e deliciosos quitutes para nossos encontros mensais.

Há anos acompanhamos o empenho da Cynthia no aprofundamento do tema criatividade e em sua busca pessoal de significação da Educação Física no ambiente escolar. Seu olhar para a criatividade permitiu e permite novas inspirações a todas nós, seja em nossa vida profissional seja em nossa vida pessoal. Lembramos em especial de um de nossos encontros para assistirmos ao carnaval no Sambódromo de São Paulo, quanta diversão, quanto inspiração para uma simples camiseta ser pintada, recortada, tantas cores e formas fluíam em um impulso criativo e espontâneo, em um simples fazer. Juntas formamos uma confraria.

Mas, vamos ao livro:

A temática norteadora dos capítulos ressalta a aula de Educação Física como espaço privilegiado na estimulação de atos criativos por parte de alunos e professores. Enfatiza a importância dos objetivos educacionais em possibilitar ao aluno a conquista da autonomia para que se torne cidadão consciente e responsável na vida futura.

A construção da cultura de um povo é um processo criativo que se manifesta de inúmeras formas em diferentes áreas do conhecimento. Nesse sentido, a educação, enquanto prática da espécie humana, tem relevância fundamental nos destinos da sociedade e distingue o modo de ser cultural do homem do modo natural de existência dos outros seres vivos.

Devido ao seu caráter multicultural, a educação busca a igualdade sem eliminar as diferenças, sendo a escola o ponto de partida e de chegada dessa intrínseca relação. A sistematização dos conhecimentos assim como a operacionalização do projeto pedagógico exige esforço, engajamento e responsabilidade de todos os envolvidos nesse processo, mas são os professores e os alunos que vivem o "espaço" da aula. É nesse espaço que habilidades, competências, tendências e criatividade revelam-se em diferentes manifestações. O processo pedagógico depende e necessita da criatividade para fazer frente às exigências da sociedade moderna e globalizada do século XXI.

Na Educação Física, o esporte talvez seja o que mais possibilita esse fazer criativo, uma vez que, novos jogos surgem por ocasião de competições internacionais como os Jogos Olímpicos. No aspecto numérico das modalidades o crescimento é indiscutível. A presente obra não aborda a criatividade no âmbito esportivo, mas no pedagógico. O ensino efetivo ocorre quando estudantes aprendem de forma eficiente, quando desenvolvem atitudes positivas sobre o que aprenderam, quando sua autoestima é impulsionada pelo processo educativo. O ambiente da aula de Educação Física é multifacetado e oferece uma multiplicidade de fatores que podem facilitar ou dificultar a aprendizagem dos alunos. Aulas repetitivas, conteúdos eminentemente esportivos, excesso de metodologias diretivas e avaliação que prioriza o desempenho são algumas das características que ainda persistem nas aulas de Educação Física Escolar. Várias abordagens e propostas já foram debatidas para modificar esse quadro nas escolas brasileiras, mas pouco foi mudado no perfil da aula de Educação Física.

Gostaríamos de expressar que esse livro proporciona ao leitor uma estimulante reflexão sobre os fundamentos que ressaltam a importância educativa da estimulação da criatividade no processo de desenvolvimento dos alunos. Oferece-nos contribuição valiosa para pensar o agir criativo na busca efetiva da integração de todas as áreas da cultura corporal brasileira à Educação Física Escolar como danças, esportes, jogos, brincadeiras etc.

Essa obra mostra que a promoção da criatividade nas aulas de Educação Física não só é possível como também as tornaria bem mais interessantes e eficazes se os alunos puderem manifestá-la. Diferentemente da diretividade imposta pela pedagogia tradicional, o professor pode estimular a criatividade dos educandos escolhendo atividades diversificadas e metodologias que possam garantir simetria de participação de todos.

Sua experiência profissional e conhecimento científico, nesse intrigante assunto, dão ao texto a perspectiva de aprofundamento que não se esgota apenas nele. Escrito em estilo simples e didático, a exposição de suas ideias é ilustrada por relatos de situações por ela vivenciadas e classificadas como criativas. Cynthia não dá ao leitor receitas nem fórmulas prontas, mas oferece um conjunto de fatores para a reflexão sobre a contribuição efetiva das aulas de Educação Física no desenvolvimento das crianças, o que torna esse livro uma referência valiosa para todos.

A evolução de uma sociedade democrática pressupõe liberdade para o fazer criativo, afinal, todo indivíduo precisa muito da criatividade para evoluir no âmbito profissional e pessoal.

Marilda Gioeilli Torres de Carvalho

Doutora em Psicologia da Educação, Profissional de Educação Física e professora de Didática e Metodologia do Ensino da FMU e Universidade Gama Filho

Ines Artaxo

Especialista em Dança, Coordenadora e professora dos cursos de Pós Graduação em Dança e Consciência Corporal e Pilates da Universidade Gama Filho

Maria Regina Ferreira Brandão

Doutora em Psicologia do Esporte, Professora da Universidade São Judas Tadeu, especialista na preparação psicológica de atletas

A autora

PROF. DRA. CYNTHIA C. PASQUA M. TIBEAU

- Doutora em Psicologia da Educação – Pontifícia Universidade Católica de São Paulo (2001).

- Mestre em Educação Física – Universidade de São Paulo (1988).

- Especialização em Psicopedagogia – Centro Universitário da FMU (1998).

- Especialização em Ginástica, Teatro, Música e Dança – Deutscher Sporthochule Koln (Alemanha, 1980).

- Graduação em Educação Física – Universidade de São Paulo (1979).

- Graduação em Música – Faculdade de Música São Paulo (1974).

- Docente titular da Universidade Bandeirante de São Paulo, nas disciplinas de Didática, Teoria e Prática da Educação Física, Psicologia da Educação, Estrutura e Funcionamento da Educação Básica.

Folha de aprovação

A presente obra foi aprovada e recomendada pelo conselho editorial a sua publicação na forma atual.

CONSELHO EDITORIAL

Prof. Dr. Antônio Carlos Mansoldo (USP – SP)

Prof. Dr. Jefferson da Silva Novaes (UFRJ – RJ)

Prof. Dr. José Fernandes Filho (UFRJ – RJ)

Prof. Dr. Rodolfo Alkmim M. Nunes (UCB – RJ)

Profa. Dr.ª Luana Ruff do Vale (UFRJ – RJ)

Prof. Dr. Miguel Arruda (UNICAMP – SP)

Prof. Dr. Daniel Alfonso Botero Rosas (PUC – Colômbia)

Prof. Dr. Vitor Machado Reis (UTAD – Portugal)

Prof. Dr. Antônio José Rocha Martins da Silva (UTAD – Portugal)

Prof. Dr. Paulo Moreira da Silva Dantas (UFRN – RN)

Prof. Dr. Fernando Roberto de Oliveira (UFL – MG)

Prof. Dr. André Gomes (UNESA – RJ)

Profa. Dr.ª Cynthia Tibeau (UNIBAN – SP)

PRESIDENTE DO CONSELHO

Prof. M. Sc. Alexandre F. Machado (UNIBAN – SP)

Índice

1 As atividades motoras na Educação Básica, 15

   1.1 Um pouco de história: do físico saudável à educação integral, **16**

   1.2 Manifestações da motricidade: da reprodução à criação, **20**

2 Entendendo as palavras, 25

   2.1 Corpo, corporeidade, **25**

   2.2 Motricidade, **28**

   2.3 Múltiplas motricidades?, **29**

   2.4. Pensamento complexo, **31**

   2.5 Aprendizagens significativas, **33**

3 A globalidade, as práticas interdisciplinares, a didática, 37

   3.1 Projetos interdisciplinares, **41**

   3.2 A didática, **43**

   3.3 Planejamento – aonde chegar, **45**

4 A didática da Educação Física e das atividades motoras, 49

4.1 Quem aprende... Quem ensina, **51**

4.2 Ensinar para quê? Objetivos educacionais, **52**

4.3 Sobre avaliar.... A eterna discussão, **57**

Finalizando, mas sem pretender fechar o assunto, **60**

5 Conteúdos: instrumentos de alcance dos objetivos, 61

5.1 O que ensinar? Os conteúdos da Educação Física, **66**

5.2 O valor educativo das atividades com música, **68**

Danças de todos os tipos, **70**

5.3 Lutas sim, briga não, **73**

6 Como ensinar: as estratégias de ensino em atividades motoras, 75

6.1 A decisão pelo todo ou pelas partes: os métodos de ensino, **76**

6.2 Da diretividade à criatividade – estilos ou metodologias de ensino, **80**

6.3 Outras possibilidades, **89**

7 Criatividade, 91

7.1 Mas,... o que é a criatividade?, **95**

7.2 Criatividade como construção de conhecimento, **97**

7.3 Criatividade e inteligência corporal-cinestésica. Direito e esquerdo, **102**

7.4 Características do trabalho criativo, **105**

Bibliografia, 109

1 As atividades motoras na Educação Básica

Muito tem sido falado a respeito da importância das atividades motoras no desenvolvimento integral do indivíduo, ressaltando, entre outros aspectos, a manipulação de materiais e a utilização de movimentos corporais construídos e culturalmente determinados. Tais atividades deveriam contribuir para o aluno conhecer melhor o seu corpo e os outros corpos em movimento, entender melhor a relação temporal e espacial que une e separa os corpos e vivenciar as relações que ocorrem nesse espaço. Buscar, por meio de vivências corporais diversificadas e do conhecimento sistematizado da cultura corporal, compreender a realidade.

Os temas da cultura corporal de movimento, em especial os jogos e as atividades rítmicas, são conteúdos desenvolvidos nas aulas de Educação Física, mas não são privilégio exclusivo dos profissionais dessa área. Educadores de 1º ao 5º ano, em escolas que não contam com o especialista da área, precisam de formação e informação adequada para compreender que o corpo integra a aprendizagem de diferentes conteúdos e que vivências corporais diversificadas e o conhecimento sistematizado da cultura corporal favorecem a compreensão da realidade.

Assim, a ideia de escrever uma obra sobre atividades físicas na prática educativa, que sirva para profissionais da educação em geral, tem como objetivos principais oferecer:

1) Conhecimentos sobre a motricidade como capacidade exclusivamente humana de agir com intencionalidade, que possibilite ao professor trabalhar em sua prática pedagógica a questão corporal articulada às demais matérias do currículo;

2) Fundamentação teórica que permita ao professor eleger metodologias diretivas e não diretivas;

3) Subsídios para a prática de uma educação da motricidade atrelada à criatividade, que proporcione aos alunos uma cultura corporal de movimento suficientemente diversificada e isenta de preconceitos, que possa propiciar uma reflexão e atuação autônoma.

4) Enfoque globalizador das atividades propostas, que permita ao professor oferecer ações que potencializem nos alunos capacidades que permitam responder aos problemas reais em todos os âmbitos do desenvolvimento.

1.1 UM POUCO DE HISTÓRIA: DO FÍSICO SAUDÁVEL À EDUCAÇÃO INTEGRAL

Assumir a Educação Física como uma disciplina do contexto escolar, que deve estar voltada para a formação de indivíduos, exige uma reflexão sobre diferentes maneiras de vivenciar o corpo em movimento que contribuam para o desenvolvimento de capacidades motoras, intelectuais, sócio-afetivas, que devem ir além da aprendizagem de habilidades pontuais. As atividades físicas, independentemente do contexto em que ocorram, devem extrapolar o simples exercício de ensinar a mecânica dos movimentos corporais e a Escola é o espaço em que o professor pode observar melhor os aspectos motor, sócio-afetivo, emocional e cognitivo de seus alunos.

Infelizmente, por ainda predominar uma visão dualista de corpo e mente, a Educação Física ainda é percebida por alunos e educadores apenas como um momento para o treinamento de capacidades físicas e de condicionamento físico, limitada ao corpo físico e biológico, não sendo consideradas outras implicações que possam ter no comportamento do aluno.

As atividades de Educação Físicas são motivadoras, prazerosas e bem aceitas para alguns alunos, pois oferecem atividades diferentes daquelas desenvolvidas em sala de aula. Para outros, geram sensação de incompetência, sacrifício, medo de errar...

> Esse contraste em relação às aulas e à própria atuação do professor criou alguns mitos sobre a Educação Física e seu significado para a Escola: o trabalho do professor de Educação Física é mais fácil de desenvolver, ele é o mais querido da escola e o mais amigo dos alunos e as aulas são mais agradáveis e descomprometidas com conteúdos.

Presa a um modelo tecnicista de educação, a Educação Física sempre esteve às margens do universo escolar, encarada apenas como atividade e não como disciplina curricular que possui conhecimentos a transmitir.

Entendida como Ciência no início do século XX, as discussões sobre a delimitação de seu objeto de estudo começam a ser levantadas na década de 60, nos Estados Unidos. A partir desse momento, tenta-se mudar o paradigma tecnicista existente e a maioria dos profissionais da área discute o seu objeto de estudo.

No Brasil, no século passado, a Educação Física esteve vinculada às instituições militares e à classe médica, que, influenciadas pela filosofia positivista, a concebiam como meio de formação de indivíduos fortes para defender a pátria e seus ideais. Em 1882, Rui Barbosa defende a inclusão da Educação Física nas escolas para preparar um corpo saudável a fim de sustentar a atividade intelectual.

Na Constituição de 1937, aparece a primeira referência explícita à Educação Física como prática educativa obrigatória, para preparar o trabalhador e desenvolver o espírito de cooperação em benefício da coletividade e da construção da nacionalidade brasileira. A adoção de métodos e modismos importados de outros países levou a uma concepção de Educação Física orientada por princípios anatomofisiológicos.

Com a Lei de Diretrizes e Bases da Educação, de 1961, ocorre uma mudança das estratégias e conteúdos de ensino, passando o esporte a ocupar espaço nas aulas. A partir de 1971, a iniciação desportiva torna--se um dos eixos fundamentais da Educação Física Escolar, priorizando a especialização e a *performance*. Enfatiza-se, assim, a aprendizagem de técnicas desportivas como finalidade da Educação Física. A concepção tecnicista que vigorou até então levou a uma visão errônea da prática de atividades físicas no âmbito escolar, privilegiando poucos, menosprezando muitos.

Na década de 80, enfatizou-se uma concepção mais humanista (e menos de adestramento do corpo) que articulasse as diferentes dimensões do comportamento humano. A procura de uma identidade própria, suas implicações como disciplina acadêmica e seu papel na sociedade ocasionaram (e têm ocasionado) discussões que abrangem a própria denominação Educação Física. Essa polêmica gira em torno da questão de que não se educa o "físico", mas sim o ser humano.

As diferentes tendências, abordagens e propostas que surgem a partir dessas discussões apresentam perspectivas variadas e mesclam linhas pedagógicas. Algumas são fundamentadas na fenomenologia, outras no sócio-construtivismo e também na perspectiva crítica. Todavia, apresentam aspectos positivos e negativos em relação aos conteúdos e metodologias. Por um lado, abordagens que entendem a dimensão da Educação Física como essencial para a educação integral, mas que privilegiam o desenvolvimento motor do aluno. Por outro lado, aquelas que podem descaracterizar a Educação Física e se tornam apenas faladas.

Apesar da crise de paradigmas, de tentativas de rupturas epistemológicas, a formação do profissional nas Faculdades de Educação Física ainda parece pender, por um lado, para a manutenção e reprodução de padrões tradicionais mecanicistas e tecnicistas e, por outro lado, nota-se uma tendência em promover mudanças. Esse conflito pode estar associado à dificuldade de reconhecer o objeto de estudo da Educação Física que, nos dias de hoje, é nomeado de diferentes formas:

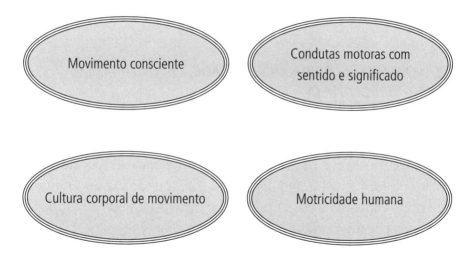

No nosso entender esses termos têm muito em comum, mas como não é nossa proposta discuti-los aqui, optamos por utilizar no decorrer da obra o termo **motricidade**.

A motricidade humana foi proposta como objeto de estudo por Manuel Sergio, em 1986, na Universidade de Lisboa. O autor discute a constituição de uma Ciência da Motricidade Humana, da qual a Educação Física seria a precursora. Seus pressupostos geraram debates em outros grupos, como o Kon-traste, coordenado por Eugenia Trigo na Espanha, que partilha da mesma opinião e tem se dedicado ao estudo da epistemologia da motricidade. No Brasil, o assunto tem sido discutido em poucas Universidades, destacando-se a opinião dos professores da PUC-SP, que consideram o movimento humano consciente como objeto de estudo da Educação Física.

> Existe uma Rede Internacional de Pesquisadores em Motricidade que reúne profissionais das mais diferentes áreas e que, nos últimos anos, dedica-se ao estudo da Motricidade como ciência independente.

1.2 MANIFESTAÇÕES DA MOTRICIDADE: DA REPRODUÇÃO À CRIAÇÃO

A partir da LDB de 1996, a Educação Física passa a ser considerada uma disciplina escolar da Educação Básica, integrada à proposta pedagógica da escola. O mesmo aconteceu com a disciplina de Arte, que tem como conteúdo a Dança que, como manifestação da motricidade, apresenta objetivos educacionais muito semelhantes.

Buscando uma postura educacional que se distancie daquela em que o professor apresenta a atividade pronta e acabada para o aluno, os Parâmetros Curriculares Nacionais (PCNs,1997) estabelecem, como parte dos objetivos do ensino fundamental, que o aluno seja capaz de:

- perceber-se integrante, dependente e agente transformador do ambiente...

- utilizar diferentes linguagens – verbal, matemática, gráfica, plástica e corporal – como meio para produzir, expressar e comunicar suas ideias...

- questionar a realidade formulando-se problemas e tratando de resolvê-los, utilizando para isso o pensamento lógico, a criatividade, a intuição, a capacidade de análise crítica...

Transformar, produzir, expressar, comunicar ideias, questionar, formular problemas são termos que se associam à criatividade. Percebe-se que o discurso educacional brasileiro aponta que a Escola deve propiciar aos alunos oportunidades de desenvolver seu potencial criativo em qualquer forma de expressão, inclusive motora.

Torna-se necessária uma reflexão sobre diferentes maneiras de vivenciar o corpo em movimento nas aulas de Educação Física para atingir uma educação integral. Destacamos aqui o movimento entendido como expressão da motricidade e como linguagem corporal, pela qual o homem opera no mundo. O movimento assim interpretado é uma forma de conhecimento.

Os objetivos propostos pela LDB não podem ser alcançados apenas pela repetição de gestos estereotipados ou se restringir a exercícios de certas habilidades e destrezas, nem por modalidades esportivas institucionalizadas e codificadas. Deve-se levar em conta que o aluno, ao ingressar na escola, traz uma bagagem de movimentos culturalmente aprendidos que têm sentido e significado. Representam um saber ou conhecimento e são a expressão da sua corporeidade – uma forma de linguagem construída para entender, relacionar-se com o meio e transformá-lo.

As aulas de Educação Física deveriam contemplar momentos nos quais os alunos pudessem vivenciar seu próprio corpo, descobrir suas potencialidades individualmente e em grupos, pensar e agir criativamente, criar novas formas de movimento e expressar sua subjetividade.

Não se trata de descartar os movimentos técnicos dos conteúdos das aulas, mesmo porque eles estão relacionados aos esportes, ginástica, lutas e danças que fazem parte de nossa cultura. A questão é que se entenda a importância de cultivar uma prática que coloque o aluno frente a atividades que estimulem a busca de uma linguagem corporal própria.

Entendo que a criatividade motora é uma forma de conhecer, pensar e agir, não a reprodução do conhecido, do vivenciado, mas a construção de novos conhecimentos e movimentos que refletem associações e elaborações a partir daquilo que o indivíduo já experienciou. Essa nova produção, que pode ser manifestada em uma coreografia de dança ou de ginástica, um novo jogo, uma nova maneira de brincar, tem valor para quem a produz e é a expressão de como o indivíduo vê e se relaciona com o mundo.

Ao vivenciar essa nova ação com outras pessoas, a atividade torna-se um meio rico de troca de informações e experiências e transforma a visão que o indivíduo tem da realidade. No entanto, essas atividades não podem ser encaradas como um fim nelas mesmas; devem ser seguidas por uma reflexão dos membros do grupo para que se tornem efetivamente uma construção de conhecimento.

Apesar de constar nas propostas pedagógicas, a criatividade acaba sendo uma capacidade proclamada na teoria e esquecida na prática (TRIGO, 1996a).

> *Um ponto a ser lembrado: as aulas de Educação Física são "transparentes", no sentido de que acontecem, na maioria das vezes, em locais de acesso a todos (na quadra, no pátio, no ginásio). As portas estão sempre "abertas",*

o que poderia ser uma das causas de certa insegurança por parte do professor para trabalhar com atividades das quais, muitas vezes, ele desconhece o processo e o resultado. Nesse sentido, um tipo de aula dirigida, na qual o professor organiza e comanda as atividades, mostra uma ordem e uma disciplina que oferecem uma falsa ideia de produção, o que, talvez, seja um dos obstáculos para uma mudança nos rumos da Educação Física, que se vê apenas "física" e não como educação.

2 Entendendo as palavras

Escrever sobre atividades motoras em qualquer âmbito do conhecimento requer que se conceituem palavras como corpo, corporeidade, motricidade. Muito se discute sobre esses termos na literatura e, inclusive, sobre a propriedade de se usar o termo "motor" para atividades humanas. Sobre esse assunto, Trigo (1999 a) discute a adequação dos termos motor e os adjetivos motriz e motora, que estão associados à concepção físico-mecânica e que não têm relação com subjetividade e emoção.

2.1 CORPO, CORPOREIDADE

> *A experiência do mundo da vida é experiência dos sentidos e, com isso, a experiência do mundo da vida é ligada ao corpo... Os sentidos estão no corpo, por isso a experiência do mundo da vida é um tipo de experiência cinestésica.* (HILDEBRANDT, 1999)

A criança começa a tomar contato com o ambiente que a rodeia e descobre o mundo pelo seu corpo, na interação com o espaço e com os objetos, formando seus primeiros conceitos. Estudiosos do desenvolvimento infantil consideram que, até mais ou menos o terceiro ano de vida escolar, as crianças vivem um estado de exploração do mundo pelo movimento de seu próprio corpo. Neste "estado de agitação", como denominam os autores, a criança só se interessa pelo seu corpo enquanto está em relação com os objetos que estão ao seu redor. É a partir daí que se inicia o interesse pelo corpo, agindo sobre o objeto e depois como meio de ação sobre si mesmo.

Nesse sentido, movimento não pode ser entendido apenas na concepção mecânica, que o determina como mudança ou deslocamento do corpo de uma posição para outra. O movimento tem sentido e significado para quem o faz. Os primeiros recursos que as crianças utilizam para agir no mundo são as sensações e os movimentos e eles se estruturam antes do aparecimento da linguagem.

O corpo é o meio pelo qual manifestamos nossa corporeidade e essa manifestação é entendida como uma linguagem corporal, um meio de comunicação e expressão. Dessa forma, a corporeidade não pode ser entendida como representação do corpo e não se compõe apenas de recursos orgânicos e físicos. A corporeidade é vivência, *a condição de presença, participação do Homem no mundo* (SERGIO, 1996). Uma característica exclusivamente humana. Por meio da ação, do sentir e do pensar a corporeidade da criança vai se construindo, se estruturando.

Para Le Boulch (1987), os movimentos coordenados visando um resultado ou com uma intenção (*práxis*) podem ser adquiridos por experiência autoiniciada ou por educação. Nas intenções educativas essas práxis podem advir da transmissão de um saber gestual (aprender a imitar) ou colocando a criança frente a uma situação-problema, para que ela aprenda a aprender. A criança constrói padrões de comportamento e adquire conhecimentos importantes para sua formação pela imitação de gestos, movimentos e expressões dos adultos. Isso não significa, porém, passividade mecânica de aceitação de modelos e normas, mas que a imitação é uma forma de construção da própria identidade na relação com o outro.

> Jean Le Bouch escreveu sobre a psicocinética, também conhecida como psicomotricidade, uma proposta para alunos portadores de deficiência física e mental. A psicomotricidade defende uma ação educativa a partir dos movimentos espontâneos da criança e favorecendo a gênese da imagem do corpo, núcleo da personalidade.

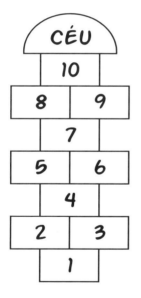

O jogo da amarelinha pode servir de exemplo: a criança aprende a desenhar, lançar o marcador das casas e a movimentar seu corpo por imitação. A partir daí, inicia um processo de descoberta da melhor forma de lançar o marcador para acertar o alvo e, muitas vezes, as crianças estipulam novas regras para esse jogo.

Na interação com o meio (objetos e pessoas), pelas sensações e movimentos, a criança vai adquirindo um repertório de movimentos, que tem sentido e significado para ela e que é essencial para a construção de sua conduta motora, de sua personalidade e inteligência. O enriquecimento da linguagem corporal, que advém do trabalho da ação da criança em atividades que envolvem movimento, resulta na ampliação do repertório de movimentos do indivíduo e expressam sentimentos, emoções, ideias.

É importante lembrar que a concepção de corpo é influenciada e se estrutura a partir do contexto social. Os meios de comunicação, principalmente a televisão, têm uma forte influência sobre crianças, adolescentes e adultos. A ampla divulgação das imagens televisivas e a moda incentivam tipos de comportamento motor padronizado. O corpo que dança e gesticula na "telinha" é visto e copiado por crianças e adultos, reproduzindo uma linguagem corporal que perde seu significado original e muito pouco ou nada acrescenta ao repertório de experiências significativas do indivíduo.

Não se trata aqui de censurar os meios de comunicação de massa. Não se pode ignorar o fascínio que o computador e a televisão exercem nas crianças e adolescentes. Esse universo cultural, a que as novas gerações estão expostas, precisa ser discutido na escola. Se o profissional da educação quer intervir, precisa conhecer formas de reverter os estereótipos que a mídia apresenta, não pela censura, mas pela discussão e reflexão junto com o seu grupo de alunos.

2.2 MOTRICIDADE

A discussão a respeito da conceituação de motricidade como ciência independente e/ou como objeto de estudo da Educação Física ainda é tema constante de profissionais da Educação Física e de outras áreas afins. Para alguns, a motricidade ainda é entendida como um conceito mecânico, confundida com o que é apenas observável no movimento.

Num olhar humanista para a questão, alguns autores entendem a motricidade e a corporeidade numa relação de reciprocidade, pois implicam processos superiores de desenvolvimento do indivíduo. Entende-se assim que o que está envolvido, implicado na motricidade, mostra-se na corporeidade.

Trigo (1999) e os pesquisadores do grupo Kon-traste entendem a motricidade como *a vivência da corporeidade para expressar ações que implicam desenvolvimento humano.* A motricidade entendida como movimento humano consciente, uma concepção de movimento como signo, indissociável da consciência.

Para entender a motricidade como meio de educação do indivíduo, do desenvolvimento humano, de transcendência, é preciso fazer uma distinção entre movimentos ou ações mais simples – que o Homem utiliza para suprir suas necessidades básicas – daqueles movimentos ou ações mais complexos, nos quais se pode evidenciar a intencionalidade do ato. A intenção pressupõe a percepção, a reflexão, o raciocínio, a comunicação.

Para os propósitos deste livro e sem pretender fechar questão sobre o assunto, propomos um corte epistemológico, com a intenção de tratar o assunto da motricidade na Educação e nas atividades motoras que podem ser oferecidas às crianças do 1° ao 5° ano do ensino fundamental.

Entendemos, assim, a motricidade como a expressão (comunicação) do repertório de movimentos com sentido e significado (implica desenvolvimento humano) que um indivíduo adquire por meio das suas experiências no mundo (portanto, cultural e social). Uma construção que se inicia com o nascimento, se concretiza na relação com o outro e termina com a morte (portanto, biológica).

2.3 MÚLTIPLAS MOTRICIDADES?

As diferentes manifestações da motricidade humana foram classificadas por Sergio (1996) e mais tarde complementadas por Trigo *et all* (2001). São elas:

Ludomotricidade: manifestações da motricidade típicas das atividades lúdicas, nas quais não existe compromisso em atingir metas. A espontaneidade e o prazer de estar na atividade são os principais objetivos. Essas atividades representadas principalmente pelos jogos e brincadeiras são entendidas como componentes importantes para o pleno desenvolvimento humano. O aproveitamento do tempo livre de forma criativa e prazerosa é um dos pilares que geram melhor qualidade de vida.

Ergomotricidade: são as ações motoras que se manifestam e são observadas no mundo do trabalho. Não se refere às ações mecânicas, mas somente àquelas que promovem um crescimento pessoal, que permitem ao trabalhador seguir seu processo de desenvolvimento humano.

Ludoergomotricidade: são manifestações da motricidade que estão entre o lúdico e o ergonômico. Implicam prazer e ao mesmo tempo eficácia e rendimento. Essa classificação incluiria os esportes e a dança, no momento em que quem as realiza está por inteiro na ação. Os autores alertam que os movimentos repetitivos de um treinamento de esportes ou de dança não são considerados motricidade, se não implicarem pensamento crítico-criativo, afetividade e vontade da pessoa para realizá-lo.

Paidomotricidade: é uma denominação defendida por Trigo *et all* (1999, 2001) que se traduz pela vivência da corporeidade para significar ações potencialmente educativas para o ser humano. Uma forma de pedagogia que intervém na motricidade do ser humano com objetivo de otimizar seu desenvolvimento e crescimento pessoal, em consonância com princípios humanísticos e éticos. A autora divide a paidomotricidade nos três tipos classificados anteriormente.

Essas seriam as manifestações da motricidade que deveriam ser oferecidas nas escolas e que resultariam no alcance de objetivos educacionais para o pleno desenvolvimento e autonomia dos alunos do ensino fundamental. Poderiam estar aí incluídas as manifestações da cultura corporal, que deveriam ser aprendidas e praticadas dentro e fora da escola.

2.4. PENSAMENTO COMPLEXO

> *Se a essência dos objetos coincidisse com a forma de suas manifestações externas, então toda ciência seria supérflua.* (Marx)

> *Eu não gosto de coca-cola e raramente tomo refrigerantes. Não gosto do sabor e sei dos malefícios desse tipo de bebida. Na minha casa sempre fiz propaganda negativa sobre essas bebidas, mas é inevitável que meus filhos, meus sobrinhos e minha afilhada Isabela, de 4 anos, gostem e consumam coca-cola. Dia desses a Isabela veio com sua mais nova descoberta: ela descobriu porque eu não gostava de coca-cola. A explicação foi a seguinte: eu, a Dinda, não gostava de coca-cola porque as pessoas bebiam o refrigerante e, depois, jogavam as garrafas (plásticas, tipo PET) na rua. Quando chove o lixo que fica na rua enche as casas das pessoas de água e todas as coisas ficavam estragadas.*
> *Demorei um pouco para entender a conexão que ela tinha feito. Na realidade não tinha nada a ver sobre o gosto e os malefícios da coca-cola, mas ela havia encontrado uma razão que justificasse (ainda que só para ela) o meu repúdio a uma coisa que "todo mundo gostava", menos eu.* (agosto, 2007)

Um dos problemas da educação, em geral, é que a escola não ensina o aluno a pensar, ou seja, os conteúdos são apresentados, mas existe pouca ou nenhuma oportunidade para que o aluno possa realizar conexões e transferir para sua vida aquilo que foi (supostamente) aprendido. Os conteúdos escolares e a maneira como eles têm sido tratados têm servido pouco, ou quase nada, para que o aluno possa seguir desenvolvendo-se e tomando decisões.

O pensamento complexo pode ser entendido como uma forma de reflexiva do ato mental, que vai mais além da forma simplista de pensar somente em conteúdos dados ou pelos fatos apresentados. Não pode ser entendido apenas como cognição, mas uma forma de ato mental no qual estão presentes aspectos emocionais, sociais, criativos, críticos.

Lipmam, referindo-se ao pensamento complexo ou ao pensar de ordem superior, admite a fusão do pensamento crítico e do pensamento criativo. Para esse autor, "pensar é fazer associações e pensar criativamente é fazer associações novas e diferentes" (1995: 140).

Morin (1990), acerca do paradigma da complexidade, fornece a ideia do anel tretalógico: desordem, interações, ordem e organização que pode e deve ser contemplada na prática educativa, a fim de que se possa estimular nas crianças uma forma de pensamento substantivo.

Um exemplo simples de como isso poderia ocorrer: o professor prepara uma aula com materiais alternativos e diferentes aos que os alunos estão habituados e solicita a eles que experimentem formas de utilizar esses materiais. Estabelece-se um conflito e uma *desordem*, uma vez que o número de alunos é maior do que os materiais disponíveis. Esse momento evidencia uma experiência emocional-afetiva que requer uma intervenção do professor, que solicita aos alunos que busquem uma forma de resolver o problema. Isso proporciona ao aluno compreender os aspectos relacionais que são gerados nesse tipo de atividade, promovem uma reflexão sobre esses problemas e uma *interação* entre eles para a busca de uma solução e nova *ordem*. Estabelecem-se, assim, experiências de *organização* que são novas para o grupo (e, muitas vezes, novas para o professor).

De forma contrária, o professor que trabalha com um modelo de metodologia diretiva, na qual determina a ordem e a execução dos conteúdos procedimentais, estaria limitando a experiência da motricidade e da corporeidade dos alunos.

Provocar essas situações de desordem enriquece a prática educativa e auxilia a construção efetiva de novas aprendizagens. Além disso, a tarefa estaria plenamente concentrada nos quatro aspectos do aprender, apresentados no documento da UNESCO (DELORS, 1996): aprender a ser, aprender a fazer, aprender a conhecer e aprender a conviver.

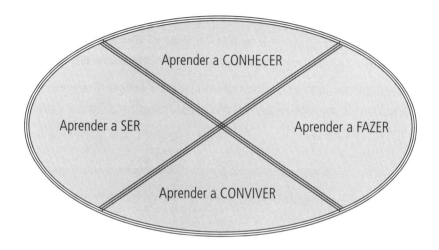

2.5 APRENDIZAGENS SIGNIFICATIVAS

No exame de ginástica, o professor atirou-nos uma bola e disse: "Joguem o basquetebol." A gente não sabia. O tipo olhou para nós, com um ar cheio de desprezo: "Que gebos que vocês me saíram, rapazes".

É como a senhora: a habilidade num rito convencional para ele é importante. Disse ao presidente do júri que não valíamos nada em "educação física" e que queria que repetíssemos o exame em setembro.

Dos que ali estávamos, não havia um só que não fosse capaz de subir a um castanheiro. De lá do cimo largar as duas mãos e cortar um belo madeiro à machadada. De a seguir, o arrastar pela neve até a porta de casa; costumávamos fazer isto, quando nossas mães precisavam de lenha.

Falaram-me de um senhor de Florença que nunca sobe as escadas de sua casa. Toma sempre o elevador. Comprou uma maquineta muito cara com a qual finge que rema. Em Educação Física aposto que qualquer professor da sua escola, senhora professora, lhe daria um vinte.

(extraído de Carta a uma professora
pelos alunos de Barbiana, 1982)

O trecho acima reflete o desprezo dado às situações nas quais um indivíduo aprende coisas que têm utilidade e significado em sua vida.

A educação tem sido questionada por dar ênfase à aprendizagem mecânica ou de memorização e por não estimular uma forma autônoma de pensar e de agir.

> Por aprendizagem mecânica ou repetitiva entende-se a aquisição de conhecimentos que nos possibilita memorizá-los e repeti-los literalmente quando somos questionados. Aí estariam incluídos princípios, fórmulas, conjugação de verbos e, no caso da Educação Física, técnicas de movimentos esportivos.

Apoiando-nos em Ausubel e Rogers, entendemos a aprendizagem significativa como a aquisição de conhecimentos em que somos capazes de atribuir significado ao conteúdo aprendido, uma aprendizagem que provoca mudança no comportamento, em atitudes e na personalidade. Isso ocorre quando a aprendizagem possibilita o estabelecimento de relações e vínculos, em quantidade e qualidade, entre o novo conteúdo e as experiências vividas ou com os conhecimentos já adquiridos.

Mesmo entendendo que os dois tipos de aprendizagem não ocorrem de forma pura, o que vale observar é o nível de significância que pode resultar de cada uma delas. Não é o caso de se desprezar a aprendizagem mecânica, pois alguns conteúdos factuais podem ser ensinados e aprendidos por meio de repetição e memorização. Também no caso das técnicas dos esportes ou quando se objetiva a melhoria de capacidades e habilidades, a forma mais eficiente parece ser a modelo-repetição. O que se pretende aqui é valorizar outros tipos de aprendizagem que possibilitem o desenvolvimento do pensamento divergente e da criatividade.

Se a aprendizagem for conceituada como toda nova reorganização que tem caráter de permanência e disponibilidade no tempo, pode-se supor que toda aprendizagem é primeiramente uma criação.

Para que a educação seja efetivamente enriquecedora e possa cumprir sua função na formação de pessoas críticas, autônomas e transformadoras, os educadores precisam estimular a criatividade de seus alunos. Antes disso, acreditamos que somente quando o educador utiliza sua própria capacidade criativa, valoriza essa forma de pensamento em seus alunos.

3 A globalidade, as práticas interdisciplinares, a didática

Como já abordamos anteriormente, a reprodução e a fragmentação dos conhecimentos contidos nos saberes escolares têm ocasionado grandes problemas na educação. A história nos mostra, mais especificamente no final do século XX, uma tendência e uma necessidade de se buscar mudanças no ensino. Uma das respostas para os problemas provocados pela excessiva compartimentalização do conhecimento e para o processo de especialização do saber é a busca de práticas pluri, inter e transdisciplinares.

Para que isso possa acontecer, é necessário que as áreas de conhecimentos escolares e científicos sejam estruturadas pelos princípios pedagógicos da:

> **CONTEXTUALIZAÇÃO**
> Vincular o conhecimento à sua origem e à sua aplicação, aproveitando sempre as relações entre conteúdos e contexto para dar significado ao aprendido.

IDENTIDADE

Criar condições para que as identidades possam se constituir – a educação é um processo de construção de identidades que tem seu alicerce na convivência.

DIVERSIDADE

Reconhecer e valorizar as formas de perceber e expressar a realidade própria dos gêneros, das etnias e de grupos sociais. Combater todas as formas de preconceito, discriminação e exclusão.

AUTONOMIA

Da escola para a construção de uma proposta pedagógica própria que atenda à sua clientela; autonomia do aluno, entendida no sentido de autodeterminação aliada ao componente social (ao outro).

INTERDISCIPLINARIDADE

Utilizar o conhecimento de várias disciplinas para compreender, analisar, discutir e resolver um problema concreto. Uma abordagem relacional, na qual, por meio da prática, os alunos possam estabelecer conexões entre os conhecimentos escolares.

No entanto, o conceito de interdisciplinaridade tem sofrido usos inadequados e contraditórios, que acabam por gerar confusão e ineficiência em sua utilização. Dessa forma, vale revisar Zabala (2002) que, ao diferenciar o termo interdisciplinaridade no conhecimento científico e no conhecimento escolar, conceitua e diferencia os termos *multidisciplinaridade, pluridisciplinaridade, interdisciplinaridade, transdiciplinaridade e metadisciplinaridade*. Ressalta que, embora os termos não sejam próprios da área da Educação, podem ser utilizados, uma vez que descrevem a relação entre duas ou mais disciplinas. Com base em seus pressupostos, elaboramos um quadro que mostra essa diferenciação na organização dos conteúdos escolares.

Organização dos conteúdos	Forma	Grau de dependência
Multidisciplinaridade	Somativa	Conteúdos independentes uns dos outros, sem que exista nenhum tipo de conexão entre eles.
Pluridisciplinaridade	Justaposição	Relação entre disciplinas afins, mais ou menos próximas de um mesmo eixo de conhecimento, como, por exemplo: história, arte e literatura.
Interdisciplinaridade	Interação	Grau máximo de relação entre disciplinas de diferentes áreas de conhecimento.
Transdiciplinaridade	Globalizante	Total dependência dos conteúdos, sem fragmentação. Articular uma nova compreensão da realidade entre e para além das disciplinas especializadas.
Metadisciplinaridade	Eixos ou temas transversais	Nenhuma relação entre as disciplinas, mas sim na ação de conhecer o objeto de estudo a partir do meio que dispomos para conhecer a realidade e não a partir das disciplinas escolares.

Adaptado por Cynthia Tibeau (2007).

Podemos complementar essas ideias com as de Leis (2005), para quem a prática interdisciplinar é a condição de que se deve buscar a complementação entre os diversos conhecimentos disciplinares. Define a interdisciplinaridade como um ponto de cruzamento entre atividades com lógicas diferentes. Esclarece, ainda, que enquanto os programas disciplinares são derivados da realidade existente, os interdisciplinares produzem a realidade que os contextualiza (eles se autoproduzem).

Gadotti (1999) interpreta que a interdisciplinaridade tem como objetivo maior garantir a construção de um conhecimento globalizante, rompendo com as fronteiras das disciplinas. A partir daí, cria um elo com os pensamentos de Zabala a respeito do enfoque globalizador e de métodos globalizadores

> Maneira de organizar os conteúdos a partir de uma concepção de ensino na qual o objeto fundamental de estudo para os alunos seja o conhecimento e a intervenção na realidade.

O autor faz referência aos princípios que regem os projetos educacionais interdisciplinares:

1) O aluno não tem tempo certo para aprender: ele aprende a toda hora e não apenas na sala de aula (citando Emilia Ferreiro).

2) É preciso ensinar a aprender, a estudar: uma relação direta e pessoal com a aquisição do saber.

3) O conhecimento é uma totalidade: o todo é maior que as partes.

4) Os alunos aprendem quando tem um projeto de vida e o conteúdo do ensino é significativo para eles no interior desse projeto (citando Piaget).

5) A interdisciplinaridade é uma forma de pensar.

3.1 PROJETOS INTERDISCIPLINARES

Costumo comentar com meus alunos dos cursos de graduação que, em teoria, deveríamos criar projetos transdisciplinares ou metadisciplinares. Entretanto, talvez por questões que devem ser resolvidas nos planos nacionais de educação, ainda estamos preocupados em elaborar projetos interdisciplinares. Acredito que somente a prática e os resultados obtidos pelo sucesso de tais projetos ajudem a quebrar o paradigma conteudista das escolas e, dessa maneira, possam nos levar a "subir mais um degrau" no entendimento e valorização de aprendizagens mais significativas e realistas.

Isso significa traçar objetivos educacionais que potencializem nos alunos o desenvolvimento de capacidades cognitivas, sócio-afetivas, emocionais e motoras, que permitam responder aos problemas reais, oferecer meios para que os alunos possam compreender e atuar na complexidade. Os conteúdos da aprendizagem devem implicar conhecimentos, meios e instrumentos para a compreensão da realidade.

Um exemplo simples de como isso poderia acontecer, efetivamente na prática, me foi relatado por uma criança do segundo ano do ensino fundamental de uma escola da prefeitura. Vale ressaltar aqui que, nessa escola, as classes iniciais funcionam em período integral: as crianças dessa classe entram às 7:30 da manhã e saem às 16 horas. Portanto, há tempo necessário para trabalhar e para aprender com os temas da realidade. De maneira resumida, relato aqui algumas das atividades desenvolvidas, mas não sei se foram realmente nessa ordem, pois isso me foi contado por uma criança de 7 anos. Algumas atividades estavam registradas nos cadernos, mas outras não.

A professora de classe, aproveitando o evento da Copa do Mundo realizada na África, trabalhou com seus alunos grande parte do conteúdo planejado e conseguiu ampliar sua proposta de trabalho em função da curiosidade e motivação que o tema gerou em sua classe. Mostrou no mapa o continente africano, apontou as principais cidades onde seriam realizados os jogos e, em seguida, apontou os outros continentes, focalizando principalmente o Brasil e o Oceano Atlântico. Comentou sobre a história do Futebol, destacando os países que sediaram as Copas e os vencedores. Não sei se foi nesse momento, mas chamou atenção das crianças sobre os diferentes idiomas falados nesses países, suas bandeiras e chegou a pedir que os alunos pesquisassem palavras como "obrigado "e "por favor" em alguns idiomas. As crianças escreveram uma tabela que continha os nomes dos países e o ano de realização. Isso foi importante, uma vez que as crianças só haviam aprendido unidade, dezena e centena e tiveram, assim, oportunidade de aprender os números acima de mil de forma diferente. Sei ainda que falou sobre a importância do jogo, do aspecto ruim da violência que pode existir no esporte e que as crianças desenharam e fizeram uma maquete do campo de futebol. E lógico, as crianças jogaram futebol! Comentaram sobre as regras e entenderam termos como bi, tri, penta, hexacampeão.

Não tenho maiores detalhes, mas fica claro que, de maneira simples, intencional, contextualizada e divertida, essa professora conseguiu reunir várias áreas de conhecimento e aproveitar um evento mundial e fenômeno social de nosso país para trabalhar os conteúdos escolares.

A interdisciplinaridade e a transdisciplinaridade podem ser realizadas por um só professor, mas o ideal é que esse tipo de prática faça parte da proposta pedagógica da escola e que todos os professores estejam envolvidos, sem perder a especificidade de suas áreas de conhecimento.

Um exemplo da proposta interdisciplinar de uma escola particular de ensino médio, encontrada na internet:

> **Objetivo geral:** *Conhecer a realidade e a importância da biodiversidade para desenvolver a consciência ecológica.*
> **Título:** *O mundo está em nossas mãos: faça sua parte.*
> **Eixos temáticos:** *"Conhecendo e preservando a vida"; "Consciência ecológica, uma atitude de amor em defesa*

da vida"; "Desenvolvimento sustentável: reaproveitar, reutilizar e reciclar".

Algumas disciplinas envolvidas (conteúdo conceitual):

Língua Portuguesa: *Produção de redações sobre a preservação das espécies, o aquecimento global, o tratamento do lixo. Elaboração de relatório sobre a visita ao aterro sanitário.*

Física: *Energia produzida pelo lixo. Uso do sistema de medidas: massa, volume e área. Transporte do lixo.*

Geografia: *Problemas ambientais do Brasil (Amazônia). Recursos energéticos do Brasil.*

Matemática: *Tabulação de dados. Elaboração de gráficos. Gastos com a coleta do lixo. Transporte do lixo.*

Arte: *Reciclagem de material para produção de artesanato. Confecção de papel reciclado.*

Psicologia: *Saúde mental: A importância de uma mente sã em um corpo são. Efeitos da poluição no corpo e mente humana.*

Educação Física: *Efeitos da poluição no corpo humano. Higiene mental e corporal. O "lixo" que consumimos: que tipo de alimentos estamos ingerindo? A importância das atividades físicas para o desenvolvimento saudável do ser humano. Trilhas ecológicas.*

3.2 A DIDÁTICA

Alguns estudiosos da Etimologia indicam que ensinar (do latim *insignare*) significa marcar com um sinal ou, como nos parece mais adequado, apontar *signos*. Assim, entende-se que o educador é aquele que possibilita ao aprendiz a construção de signos internos, que permitem a compreensão de conceitos, processos e valores.

A função do professor é colaborar, orientar, facilitar, mediar a construção do conhecimento do aluno – ajudar o aluno a "aprender a aprender". Para tanto, deve articular situações de aprendizagem significativas, que implicam *competência disciplinar* e *habilidade didática*. Essas duas qualidades constituem um binômio que estão em contínua interação, para a obtenção de resultados desejáveis na educação.

A competência disciplinar envolve tanto o domínio de conhecimentos científicos que o professor deve ter, como a faculdade de mobilizar recursos cognitivos que permitam tomar decisões com pertinência e eficácia. A habilidade didática significa a forma de construção de um planejamento eficiente, flexível e que alcance a finalidade da educação.

Ensinar, portanto, pressupõe uma tomada de decisão por parte do professor que determinará o alcance de objetivos educacionais de forma eficiente. O problema de ensinar não se situa basicamente nos conteúdos, mas em como se aprende e como se deve ensinar. Depende de condições internas e externas das situações didáticas.

A didática, em sentido geral, trata dos procedimentos e ações para tornar a aprendizagem mais eficiente. Em teoria, a Didática Geral serve de base para todas as áreas de conhecimento dentro da escola. Porém entendemos que a Educação Física, por ser uma disciplina que trabalha com o aluno em movimento e "de corpo inteiro", apresenta características que necessitam ser analisadas de uma forma mais específica.

Isso quer dizer que todas as dimensões do comportamento humano (motor, cognitivo e sócio-afetivo) podem ser observadas nas atividades intencionais propostas nas aulas de Educação Física.

Os alunos envolvidos em jogos, lutas, danças e esportes movimentam-se de forma consciente, raciocinam, relacionam-se para executar as tarefas e expressam sentimentos e emoções. Dessa forma, podemos afirmar que, de todos os momentos escolares, as aulas de Educação Física e de Arte são as únicas em que todas as capacidades, competências e habilidades são colocadas em uso.

Assim, uma didática específica da Educação Física justifica-se:

1) Pela necessidade de estabelecer objetivos educacionais para as três dimensões.

2) Por ser uma área que oferece enorme gama de conteúdos, instrumentos que servem para alcance dos objetivos estabelecidos.

3) Pelo espaço e pela variedade de recursos materiais de pequeno e grande porte necessários nesse tipo de prática.

4) Pela necessidade de estratégias e metodologias de ensino que possam satisfazer todas as possibilidades da prática pedagógica.

5) Por requerer um tipo de avaliação diferente das outras disciplinas escolares.

3.3 PLANEJAMENTO – AONDE CHEGAR

De maneira bastante concreta e objetiva, podemos dizer que o planejamento em educação representa um processo de racionalização, organização e coordenação das ações escolares, articulado ao contexto social. Ocorre em três esferas: planejamento da escola, planejamento de ensino ou de disciplina e o plano de aula e deve seguir três etapas distintas: a elaboração, a execução e a avaliação.

A ideia de planejamento participativo deve ser efetivada, uma vez que garante que estejam contemplados diferentes pontos de vista da realidade escolar. A participação de todos os envolvidos no cotidiano da escola nas tomadas de decisões sobre os rumos a seguir possibilita a criação de vínculos entre pais, alunos, professores, funcionários que são fundamentais para o alcance do objetivo maior: a formação de cidadãos críticos, autônomos, participativos.

Vamos nos ater ao planejamento que o professor faz para o ano letivo, sempre lembrando a principal característica de um bom planejamento: a flexibilidade. O planejamento geralmente está integrado à proposta pedagógica da escola e representa um guia para o planejamento e estruturação das aulas.

Mesmo entendendo que o planejamento é um processo vivo e que não se resume ao preenchimento de quadros, sugerimos uma maneira simples de organizar as intenções e tomadas de decisão do professor. A divisão em unidades de ensino facilita sua leitura, e a divisão do objetivo geral em objetivos específicos nos três domínios (motor, cognitivo e sócio-afetivo), assim como a avaliação. A seleção de conteúdos também pode ser dividida em procedimental, conceitual e atitudinal. Os recursos necessários representam um item a ser considerado na organização, assim como o local em que as atividades serão desenvolvidas. A organização segue sempre o caminho do conhecimento para a tomada de decisão.

Objetivo geral	Objetivo específico	Conteúdos	Estratégias	Recursos Necessários	Avaliação
	Unidade I M: C: S:	P: C: A:			M: C: S:
	Unidade II M: C: S:	P: C: A:			M: C: S:
	Unidade III M: C: S:	P: C: A:			M: C: S:
	Unidade IV M: C: S:	P: C: A:			M: C: S:

A Educação Física, mesmo sendo uma disciplina do currículo escolar, ainda é percebida por muitos como uma prática esportiva específica e também como atividade recreativa e de lazer. Existe uma tendência em enfatizar apenas a parte prática da profissão em detrimento da sistematização teórica e do aprofundamento do estudo em outras áreas de conhecimento. Muitos profissionais da área postulam a Educação Física como uma disciplina, no entanto, desenvolvem as aulas caracterizando-as como uma atividade, limitando-se a comandar exercícios e atividades desportivas, esquecendo que a sua principal função como educador é auxiliar o aluno à conquista de sua autonomia, criticidade e emancipação. (LORENZ e TIBEAU, 2003).

4. A didática da Educação Física e das atividades motoras

Toda ação didática está centrada na relação professor-aluno e nos elementos que compõem o planejamento, ou seja, a organização de todo o processo ensino-aprendizagem que leve ao alcance de metas e objetivos educacionais. A figura abaixo demonstra a interligação desses elementos.

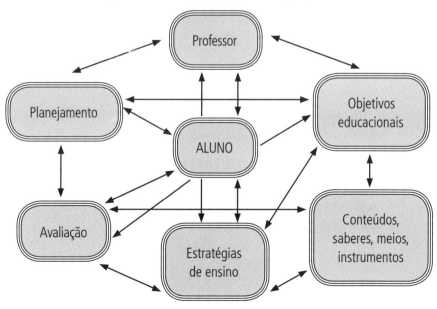

A aprendizagem escolar é um processo gradativo que implica atividade planejada, intencional, dirigida e não algo espontâneo e casual. Tem um vínculo direto com o meio social. O processo didático desenvolve-se mediante a interação de diversos componentes. Dessa maneira, para a elaboração de um plano de ensino, o professor deve conter:

1) **Conhecimento e diagnóstico da realidade**: faixa etária, grau de escolaridade, nível sócio-econômico-cultural do aluno e do entorno, projeto pedagógico da escola e recursos materiais disponíveis. Esse último item pode parecer pouco relevante, mas não adianta nada as intenções e conhecimentos do professor se ele não tiver informações sobre o espaço e a possibilidade de utilizar materiais já existentes na escola. Via de regra, o professor iniciante é solicitado a fazer um planejamento de ensino antes mesmo de tomar conhecimento dos itens acima. Ele terá que se basear em necessidades e objetivos preestabelecidos, o que acarretará uma organização pouco eficiente do seu trabalho.

2) **Construção de objetivos educacionais**: com base nos aspectos citados no item anterior, o educador deverá construir objetivos educacionais nas dimensões motora, cognitiva e sócio-afetiva, buscando contribuir para o desenvolvimento integral de seus alunos.

3) **Seleção de conteúdos**: a partir dos objetivos selecionar conteúdos, meios, instrumentos que viabilizem o alcance dessas metas. Tal escolha deve prever conteúdos conceituais ou factuais, atitudinais e procedimentais.

4) **Escolha de estratégias de ensino**: a pergunta "como ensinar", requer a eleição de estratégias de ensino: métodos, estilos ou metodologias de ensino, compatíveis com os objetivos e o conteúdo selecionado.

5) **Avaliação**: verificar por meio de instrumentos dados relevantes sobre o alcance dos objetivos e que possibilitem reformulações necessárias no processo.

Todas as etapas ou fases do planejamento escolar devem ser pensadas e estabelecidas com bastante cuidado. Mesmo assim, deve-se levar em consideração que a principal qualidade de um bom planejamento é a flexibilidade. Para tanto, o professor deve estar atento para perceber quando os objetivos a serem alcançados estão além ou aquém da capacidade de seus alunos; quando o conteúdo escolhido não é motivante ou é inadequado para a faixa etária; quando as estratégias não estão de acordo com o objetivo e quando não há materiais ou espaço físico adequado para a concretização das aulas.

4.1 QUEM APRENDE... QUEM ENSINA

As interligações do quadro apresentado no início do capítulo evidenciam a colocação do aluno como centro do processo ensino-aprendizagem. A tomada de decisão do professor quanto à organização dos aspectos didáticos vai depender do conhecimento da realidade que está ligada ao ambiente da aprendizagem. Todas as características dos alunos são importantes, desde a faixa etária, o grau de escolaridade, nível sócio-econômico-cultural, assim como as informações relativas à comunidade em que o aluno vive. A situação geográfica da escola, as características do bairro, os costumes da comunidade, as relações da escola com o entorno são importantes para que o professor possa entender melhor as necessidades dos alunos.

Apoiado nessas informações e às demais que estão contidas no projeto pedagógico da escola, o professor poderá construir objetivos educacionais mais concretos e realistas. Vale lembrar a importância de se considerar alunos portadores de necessidades especiais que, inseridos

A didática da Educação Física e das atividades motoras

nas classes regulares, requerem atenção especial do professor para que efetivamente possam participar das atividades propostas.

O conceito de inclusão não se restringe aos alunos citados, mas incluem também aqueles que podem estar acima ou abaixo da média em relação ao desenvolvimento motor, ou seja, possuem um nível de execução diferente da média da classe. Discutiremos melhor esse assunto quando tratarmos das estratégias de ensino.

4.2 ENSINAR PARA QUÊ? OBJETIVOS EDUCACIONAIS

Objetivos educacionais são estados ou comportamentos que se espera do indivíduo ao término do processo de ensino que podem ou não ser diretamente observáveis. Tais objetivos são formulados por professores para o ambiente da sala de aula, com base nas características e necessidades de seus alunos.

Existem diferentes taxonomias de objetivos educacionais que propõem uma classificação em três partes, considerando os domínios do desenvolvimento humano: domínio cognitivo, afetivo e emocional ou sócio-afetivo e motor.

Dimensão cognitiva: os objetivos referem-se às lembranças de coisas aprendidas, determinam a resolução de alguma atividade mental para a qual o indivíduo tem que definir o problema fundamental, reorganizar o material ou combinar ideias, técnicas ou métodos antecipadamente aprendidos. Propõem diferentes níveis cognitivos que correspondem a níveis mais ou menos elevados de importância. Assim, conhecimento, compreensão e aplicação são mais elementares na escala de importância, análise e síntese são intermediárias e a avaliação está no nível superior.

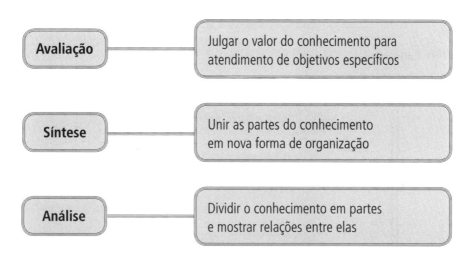

Dimensão sócio-afetiva: os objetivos enfatizam as emoções e os anseios, assim como a aceitação ou rejeição, expressos em interesses, atitudes, relações ou valores. Os comportamentos afetivos e sociais são muito importantes no trabalho com atividades motoras e a proposta para essa dimensão é também classificada em diferentes níveis, do simples para o complexo:

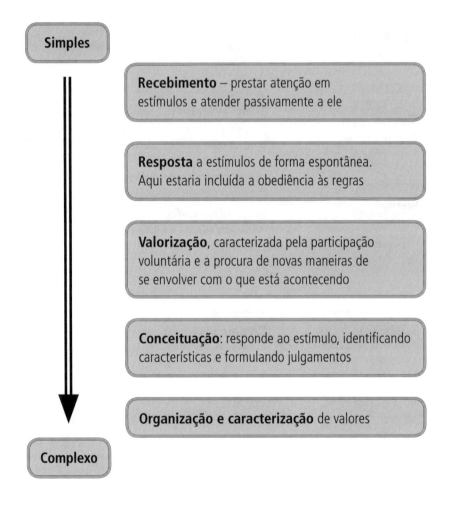

Dimensão motora: objetivos relacionam-se à habilidade movimento, manipulação de materiais e atividades que requerem coordenação neuromuscular. Muito embora alguns autores questionem uma taxonomia para o domínio motor, argumentando a variedade, diversidade e complexidade das habilidades, o modelo de desenvolvimento das habilidades motoras proposto por Gallahue (1982) ainda tem sido referência para muitos.

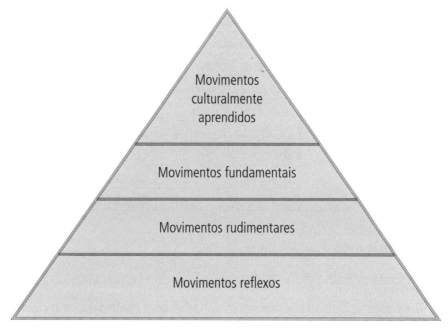

Adaptação da Pirâmide de Gallahue.

A classificação em domínios do desenvolvimento facilita a construção dos objetivos educacionais, mas não pode ser entendida como independência entre as dimensões. Ou seja, ao mesmo tempo em que o aluno executa uma atividade motora, acessa estruturas cognitivas, aprende, conhece e se relaciona.

Os objetivos educacionais devem ser escritos descrevendo a ação do aluno e, portanto, é aconselhável a utilização do verbo no infinitivo. O quadro a seguir mostra alguns verbos que podem ser utilizados na construção de objetivos educacionais. A organização em domínios do desenvolvimento tem como finalidade facilitar a leitura, mas entende-se que um mesmo verbo pode significar condutas em mais de uma dimensão.

Domínio Motor	Domínio Cognitivo	Domínio sócio-afetivo
Executar/ Praticar	Conhecer/ Reconhecer	Auxiliar
Participar/Vivenciar	Organizar/ Ordenar	Atender/ Responder
Jogar/Dançar/Lutar/Nadar	Definir/ Explicar	Demonstrar atitudes
Melhorar/Aprimorar	Enumerar/ Nomear	Aceitar
Demonstrar	Memorizar/ Recordar	Participar/Enfrentar
Empregar	Analisar/ Comparar	Interagir/Colaborar
Reproduzir	Relacionar/ Diferenciar	Decidir/Tomar iniciativa
Utilizar	Solucionar/Resolver	Cooperar
Combinar	Criar/Elaborar/Propor	Valorizar
	Avaliar	Discutir/Argumentar

Exemplos de objetivos educacionais:

Espera-se que o aluno possa:

- Executar habilidades motoras variadas com materiais; criar novos materiais e jogos; demonstrar atitude de solidariedade com os colegas de classe.

- Aprimorar flexibilidade e força de membros inferiores e superiores; conhecer e diferenciar aspectos saudáveis da prática de atividades físicas; participar de atividades de cooperação.

4.3 SOBRE AVALIAR.... A ETERNA DISCUSSÃO

> *As provas não servem para nada: não servem para o aluno aprender. Se o aluno vai mal na prova, a única coisa que acontece é ter sua autoestima diminuída. Se vai bem, não muda nada em sua aprendizagem – não o faz aprender mais.* (José Pacheco, diretor da Escola da Ponte)

De uma forma geral, a avaliação tradicional mede a quantidade de conhecimentos ou conteúdos que o aluno "armazenou". Isso, via de regra, vai ser medido por um teste ou uma prova. Alguns professores solicitam também que seus alunos elaborem um seminário para ser apresentado para os colegas. O resultado, na maioria das vezes, é um jogral, no qual cada um "fala uma parte" ou um dos alunos, aquele que realmente fez a pesquisa, bravamente vai à frente para apresentar o trabalho. Muitas vezes fazem uma leitura de tudo que foi pesquisado e não apresentam nada que não possa ser lido na internet a um clique dos nossos dedos.

Na Educação Física, o assunto da avaliação sempre gera um desconforto. Em geral, as escolas não costumam atribuir notas aos alunos para essa disciplina o que fica (mal) entendido que não há necessidade de avaliações. Mas se entendermos que a avaliação é um componente intrínseco do processo ensino-aprendizagem, sua falta acarreta uma lacuna, um vazio, uma fase ou frase sem ponto final. Se em um planejamento de ensino estabelecemos objetivos educacionais, devemos verificar até que ponto eles foram ou não alcançados. Caso contrário, perde o sentido.

A avaliação no ensino deve proporcionar dados qualitativos e quantitativos que possam ser interpretados com base em critérios que vão além da pura aquisição e acúmulo de conhecimentos. Avaliar é determinar em que medida os objetivos previstos em um planejamento estão (foram) alcançados. Se objetivos educacionais buscam mudanças no comportamento do aluno, a avaliação deve permitir a observação e a verificação desse comportamento. Portanto, o processo de avaliação começa e tem maiores chances de ser válido quando os objetivos a serem alcançados forem definidos de forma clara e consistente. O que se objetivou no início do processo deve ser verificado ao final de algum tempo e... nos três domínios.

Aprender é, sem dúvida, dominar os conteúdos nos três domínios do desenvolvimento humano. Sendo assim, a avaliação não se restringe à dimensão cognitiva. Aprender e avaliar a aprendizagem integram conhecimentos, capacidades, comportamentos e atitudes.

Existem, basicamente, três formas de avaliação:

Avaliação formativa: é realizada durante todo o processo ensino-aprendizagem e serve para:
- Verificar se os objetivos educacionais estão sendo alcançados;
- Conhecer erros e acertos, estimular para um estudo sistemático;
- Orientar o trabalho do professor;
- Fornecer *feedback* aos alunos.

Avaliação somativa: é realizada ao final do curso, ano letivo ou unidade de ensino e destina-se a:
- Avaliar e classificar os resultados de aprendizagem;
- Atribuir notas;
- Sua finalidade é eminentemente verificadora, certificadora e seletiva.

Avaliação diagnóstica: pode ser realizada no início de um curso, ano letivo ou unidade de ensino e tem como finalidade:
- Estabelecer o perfil inicial do grupo ou de cada aluno, detectando: conhecimentos já adquiridos, ausência ou presença de pré-requisitos, dificuldades específicas de aprendizagem;
- Estabelecer indicadores de desempenho, estabelecer prognóstico.

A avaliação pode ser classificada também sob o ponto de vista do avaliador. A *autoavaliação*, realizada pelo próprio sujeito sobre como ele percebe seu próprio processo evolutivo. A *co-avaliação*, praticada pelos diversos sujeitos envolvidos no processo como, por exemplo, o grupo sendo avaliado por outros grupos ou cada aluno sendo avaliado por seus companheiros, tendo em vista o trabalho realizado. A *heteroavaliação*, efetuada pelo professor sobre os alunos

Para avaliar é necessário ter meios, técnicas, instrumentos, critérios. Basicamente existem três técnicas de avaliação com inúmeras variações de instrumentos. Quanto mais formas diferentes forem utilizadas para avaliar o aluno, mais próximo chega-se a um resultado eficiente.

Observação: permite ao professor conseguir informações sobre diferentes habilidades cognitivas, sócio-afetivas e motoras. Em geral, os professores de Educação Física fazem isso de forma assistemática, mas é preciso cuidado para não fazer julgamentos falsos, apressados ou preconceituosos. Uma forma de obter informações mais concretas é elaborar um instrumento de registro, com critérios determinados com antecedência e que estejam de acordo com os objetivos estipulados no planejamento de ensino. Os instrumentos que podem ser utilizados: Ficha de controle e Lista de checagem.

Inquirição: consiste em perguntar, interrogar, solicitar ao aluno que explique um tema. São obtidas informações sobre o domínio sócio-afetivo e cognitivo. Da mesma forma, é necessário que se tenha claro quais foram os objetivos projetados, caso contrário representará um tipo de avaliação apenas da memória do aluno, deixando de lado habilidades importantes. Vários instrumentos podem ser utilizados: questionário (perguntas abertas ou fechadas), entrevista, apresentação de trabalhos (seminários), sociograma.

Testagem: é uma das técnicas de avaliação mais discutidas quanto ao seu uso. Informações sobre o domínio cognitivo, sócio-afetivo e motor podem ser obtidas por meio de instrumentos, tais como: testes padronizados e testes construídos pelo professor.

A didática da Educação Física e das atividades motoras

FINALIZANDO, MAS SEM PRETENDER FECHAR O ASSUNTO

Mesmo aparecendo como último item de um planejamento, a avaliação pode e deve ser realizada a qualquer momento e significa também o ponto inicial ou de partida para novos planejamentos. De posse das informações obtidas, os professores podem elaborar e projetar com mais segurança e dar mais continuidade ao seu trabalho ou de seus colegas.

A avaliação entendida como parte do processo ensino-aprendizagem rejeita o entendimento reducionista de dar nota como forma de classificar o aluno. Deve representar uma forma de aquisição e construção do conhecimento, na qual o erro faz parte desse processo e prepara o aluno para uma atitude mais segura frente aos obstáculos que poderá enfrentar na sua vida adulta.

5 Conteúdos: instrumentos de alcance dos objetivos

Coll (1996) e Zaballa (1999) consideram que os conteúdos escolares estão relacionados com conhecimentos ou saberes, portanto, representam tudo aquilo que leva à conquista de objetivos de aprendizagem em uma proposta educacional. Tais conteúdos são classificados da seguinte maneira:

Conteúdos conceituais ou factuais: são conteúdos que envolvem conceitos, princípios e fatos. Representam o "saber sobre". Abordar o tema "Benefícios da atividade física" é um exemplo de conteúdo conceitual, assim como a história do Futebol é um conteúdo factual. Tudo o que diz respeito ao conhecimento do funcionamento do corpo em movimento também pode ser considerado conteúdo ou saber conceitual.

Não há impedimento para transmitir conteúdos conceituais aos alunos. Eles podem ser trabalhados em qualquer faixa etária, desde que se respeite o nível de entendimento, a necessidade e a linguagem dos aprendizes.

Zimbres (2001) argumenta que, entre os fatores que limitam a existência da teoria nas aulas de Educação Física, está o fato de que muitos professores ainda pensam que teoria é perda de tempo nas aulas.

Por outro lado, Mattos e Neira (2000) acreditam que todas as aulas deveriam ter uma parte teórica, com objetivo de proporcionar ao aluno o conhecimento dos principais conceitos do tema que está sendo desenvolvido e explicar a importância e o porquê de trabalhar tal tema nas aulas. Na parte prática, o aluno vivenciaria os conceitos estudados na teoria. Por meio da supervisão do professor, realizaria movimentos corretos que possibilitaria a aprendizagem do tema estudado, tanto os conceitos quanto os movimentos.

Acreditamos que é necessária cautela nesse assunto, pois pode ocorrer uma descaracterização da área. Uma teorização das aulas de Educação Física na escola faria com que essa área de conhecimento ficasse no mesmo patamar que as outras disciplinas, ou seja, deixando o aluno "imobilizado" para aprender. É preciso que ocorra um equilíbrio entre o que se chama de teoria e prática: o aluno precisa saber por qual motivo ele está realizando os movimentos, quais as implicações de tal atividade, e não notificar-se do movimento através da biomecânica para depois realizá-lo.

Conteúdos atitudinais: são conteúdos, conhecimentos constituídos por valores, normas e atitudes. As atitudes demonstram, em nível comportamental, o respeito a valores e normas e representam o "saber ser" e o "saber conviver".

Valores éticos podem ser vivenciados por meio das atividades motoras. É sempre bom lembrar que as atividades trabalhadas nas aulas de Educação Física são, em geral, prazerosas e motivantes. Na maior parte das vezes, fica para o aluno o sentimento de prazer, da alegria, da "brincadeira" e os objetivos educacionais e a essência dos conteúdos trabalhados pode passar despercebida. É necessário que o professor converse com seus alunos a respeito do tema tratado.

Utilizamos algumas tarefas para trabalhar com conteúdos éticos com grupos de alunos e os resultados foram bastante satisfatórios. Em algumas práticas, solicitamos que os alunos verbalizassem o que entendiam sobre determinado conceito, por exemplo, justiça. Em outras oportunidades, iniciamos com a prática de uma atividade que tinha como objetivo a vivência de um conceito ético e ao término conversamos com os alunos, questionando se eles haviam percebido e como vivenciaram o conceito implícito no jogo ou nos exercícios. São situações distintas, mas altamente interessantes como estratégias de aula.

Citamos a seguir dois exemplos que o professor pode utilizar para esse tipo de conteúdo ou adaptá-las para outras faixas etárias.

Atividade 1 – Conceito: **SOLIDARIEDADE**

Objetivo: vivenciar conceito de solidariedade, auxiliando o colega de classe em exercícios e tarefas solicitadas pelo professor, respeitando os limites de cada um.

Descrição: o professor organiza os materiais que vão ser utilizados na aula, posicionando-os em forma de obstáculos a serem ultrapassados como no desenho abaixo. Em duplas, os alunos decidem quem vai colocar a venda nos olhos e quem vai ser o condutor que auxiliará no percurso, dando informações sobre os obstáculos. O professor explica a importância do aluno-condutor na realização da tarefa.

Segue um sugestão de materiais e da distribuição do espaço, mas é possível trabalhar com outros mais simples ou mais sofisticados e até mesmo com os obstáculos existentes no próprio prédio da escola.

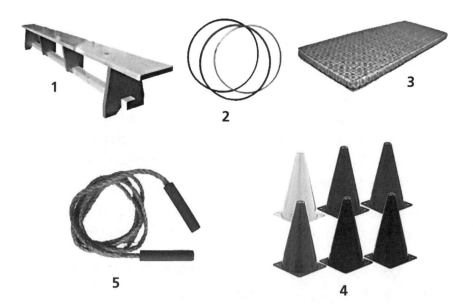

1) Andar sobre o banco sueco: o aluno-condutor deve dar as informações sobre a colocação dos pés, direção, início e fim.

2) Arcos ou bambolês: o aluno que está com os olhos vendados deve deslocar-se colocando um pé em cada arco, conforme instruções de seu colega.

3) Colchonete: o aluno-condutor deve dar orientações para que seu colega deite no colchão e role até o fim.

4) Cones: o aluno vendado deve andar em zigue-zague, sempre auxiliado por seu colega.

5) Corda suspensa: o aluno-condutor deve orientar seu colega para passar por baixo desse obstáculo.

Atividade 2 – Conceito: **DIÁLOGO**

Objetivo: participar de atividades que envolvam diálogo e expressão corporal.

Descrição: o professor solicita aos alunos que formem grupos de 6, 7 ou 8 componentes. A seguir, distribui para cada grupo uma lista com palavras isoladas, como por exemplo:

Carro
Mãe
Pai
Acidente
Praia
Futebol
Relógio
Almoço
Papel
Sede

Cada grupo reúne-se por 10 ou 15 minutos e deve criar uma história que contenha as palavras da lista e buscar uma forma de representar a história com movimentos corporais, sem falar. Elegem um narrador que contará a história, enquanto os outros a representam. As palavras da lista podem ser substituídas por figuras ou desenhos. A quantidade deve ser compatível com o que se espera dos alunos.

Conteúdos procedimentais: são conteúdos que envolvem a ação e, no caso da Educação Física, são constituídos pelas atividades que fazem parte da cultura corporal de movimento. De uma forma geral, o professor deveria trabalhar com tarefas que possibilitem a ampliação do repertório motor dos alunos por meio de atividades de livre expressão, jogos, esporte, lutas, atividades rítmicas (as ginásticas e as danças), as atividades no meio aquático e na natureza, quando possível. Esses conteúdos serão apresentados e discutidos nos próximos capítulos.

Apesar dos conteúdos serem classificados em grupos distintos, não podem ser trabalhados compartimentados, ou seja, um mesmo conteúdo pode provir de uma natureza conceitual, atitudinal e procedimental.

Normalmente, no ambiente escolar, a tradição é desenvolver com mais profundidade os conteúdos trabalhados de forma mecânica, e os conteúdos que são mais complicados de dominar são trabalhados superficialmente. Não basta apenas o aluno ter conhecimento de conteúdos procedimentais se esses não forem relacionados com os outros tipos de conteúdos. Portanto, para que os conteúdos sejam pertinentes à aprendizagem, precisam ser conteúdos que educam e formam o aluno de maneira integral.

5.1 O QUE ENSINAR? OS CONTEÚDOS DA EDUCAÇÃO FÍSICA

Mesmo entendendo que os Parâmetros Curriculares Nacionais da Educação Física (BRASIL, 2000) representam uma sugestão, consideramos que os conteúdos sugeridos ficam restritos e que o professor deve ampliar as possibilidades de trabalho corporal, elegendo outras atividades da gama enorme que a Educação Física oferece. Contudo, estamos cientes que a formação do professor especialista ainda é voltada para o "aprender para ensinar esportes e jogos". Nossa experiência, em cursos de formação de profissionais, tem demonstrado que, quando se solicita que os alunos construam um planejamento, ou mesmo um plano de unidades ou de aula, eles apontam e escolhem conteúdos diversificados. Entretanto, se precisam colocar isso em prática, ou seja, se precisam apresentar essa tarefa de forma prática, dirigindo uma aula, optam por jogos, esportes ou "brincadeiras".

Os PCNs sugerem conteúdos que estão divididos em três blocos:

Os blocos de conteúdos articulam-se entre si e, além disso, existe uma sugestão para que todos os profissionais da Educação trabalhem com temas da realidade social. Alguns temas transversais são sugeridos, tais como: ética, pluralidade cultural, meio ambiente, orientação sexual, saúde, trabalho e consumo. Outros temas também devem fazer parte das disciplinas escolares, sempre que o assunto se mostre uma necessidade para a formação dos alunos.

Todos os conteúdos da Educação Física são ferramentas importantes, mas é essencial que o professor saiba como e quando fazer uso deles. Vamos nos referir a dois grupos que têm sido pouco explorados pelos professores: as atividades rítmicas e as lutas, mas sem pretender ser um manual ou esgotar o assunto e sim apontar alguns aspectos relevantes para sua utilização nas aulas de Educação Física.

5.2 O VALOR EDUCATIVO DAS ATIVIDADES COM MÚSICA

As atividades rítmicas e expressivas incluem "as manifestações da cultura corporal que têm características comuns à intenção de expressão e comunicação mediante gestos e a presença de estímulos sonoros como referência para o movimento corporal" (PCNs: 51). Tais atividades são consideradas conteúdos da Educação Física Escolar, que possuem grande valor educativo e são ferramentas essenciais para o desenvolvimento motor, cognitivo e sócio-afetivo de crianças e adolescentes. Se considerarmos o rol de atividades que poderiam ser incluídas aí, teremos as esportivas (com regras), as de caráter folclórico, as que necessitam do meio aquático para sua execução, as lúdicas. Estariam nesse rol: todas as formas de ginásticas que necessitam de música, o nado sincronizado, a patinação artística, todos os estilos de dança, a capoeira, as rodas cantadas.

Como já afirmamos em outros trabalhos, parece existir um preconceito em relação a essas atividades que utilizam música, expressão de sentimentos e emoções, criatividade de movimentos. Isso pode ser observado tanto pelo comportamento de alguns alunos quando esse tipo de atividade é proposta, como pelos próprios professores da Educação Física que, por falta de informação sobre os benefícios de tais atividades, por inibição ou por lacunas na sua formação profissional, acabam por privilegiar os esportes e os jogos como meios para alcance de objetivos educacionais. Deixam de oferecer aos seus alunos práticas que, além de fazerem parte da cultura, são instrumentos importantes para a formação integral do aluno.

As vivências práticas que evidenciam atividades rítmicas, que são prazerosas, que têm sentido e significado são necessárias para o desenvolvimento da capacidade de expressão e abrem caminho para a expansão das conexões nervosas entre o cérebro e o corpo.

O ritmo está presente em todas as manifestações da motricidade humana, é universal e o percebemos em todos os movimentos da vida.

Ritmo e movimento humano desenvolvem-se simultaneamente no tempo e no espaço. Dessa forma, confirmamos nossa consideração de que o RITMO é MOVIMENTO, que o MOVIMENTO é RITMO e que ambos estão ligados à percepção temporal, espacial e proprioceptiva.

A estruturação da percepção espacial não está dissociada da percepção temporal e ambas podem ser influenciadas positivamente por meio de tarefas motoras que envolvem música, movimento corporal, materiais ou aparelhos de grande porte

Apesar da ginástica rítmica (GR) e da ginástica olímpica (GO) estarem no bloco de conteúdos junto com esportes, lutas e jogos, por suas características de competitividade, preferimos agregá-las ao bloco de atividades rítmicas expressivas por suas peculiaridades que deveriam ser mais valorizadas.

Figuras GR e GO

Por um lado, o aspecto de movimentos corporais associados a pequenos materiais e música (GR)

Por outro lado a diversidade de destrezas motoras em aparelhos (GO)

A GR é um conteúdo extremamente interessante, uma vez que se constitui em uma atividade que envolve a participação simultânea e alternativa das duas mãos. O desenvolvimento da percepção de espaço passa por 3 fases distintas e é também influenciado pelas ações cotidianas da criança. A discriminação direita-esquerda, frente-trás, alto-baixo estrutura-se a partir do momento em que o espaço se torna projetivo e intelectualizado. Ou seja, quando pontos de referência são exteriores ao próprio corpo da criança, portanto, deve-se promover atividades nas quais as crianças possam utilizar materiais variados de pequeno porte é de fundamental importância para o seu desenvolvimento.

Encontramos na literatura argumentos que comprovam que, além da diversidade de possibilidades de movimento, as atividades da GR requerem certas capacidades psíquicas como atenção, memória, "imaginação criativa".

DANÇAS DE TODOS OS TIPOS

> *Toda dança, não importa qual a estética que lhe é inerente, surge da profundeza do ser humano, surge da "magia" e adquire diversas funções a partir de três motivações principais: a expressão, o espetáculo e o jogo.* (STRAZZACAPPA, 2001)

A diversidade cultural do Brasil nos brinda com um amplo leque de diferentes tipos de danças. Em todos os estilos encontram-se conteúdos procedimentais, atitudinais e conceituais pertinentes às finalidades da educação de maneira geral.

A garantia de acesso às práticas da cultura corporal, inclusive os diferentes estilos de dança, oferecem aos alunos a possibilidade da construção de um estilo pessoal de praticá-las, como também a possibilidade de apreciá-las criticamente. A Dança também é citada como parte dos conteúdos sugeridos no documento de Arte dos PCNs (2000), como atividade lúdica que pode permitir a experimentação e a criação no exercício da espontaneidade. É reconhecida como "uma forma de integração e expressão tanto individual como coletiva, em que o aluno exercita a atenção, a percepção, a colaboração e a solidariedade" (p. 68).

Os dois documentos apontam para a importância da utilização das atividades rítmicas e da dança com espírito de investigação, para que o aluno tome consciência da função dinâmica do corpo, do gesto e do movimento como uma manifestação pessoal e cultural. Relatam que a dança na escola proporciona à criança uma melhor compreensão de sua capacidade de movimento, mediante um maior entendimento do funcionamento de seu corpo. As ações físicas que as atividades proporcionam são necessárias para que as crianças harmonizem de maneira integradora suas potencialidades motoras, afetivas e cognitivas.

Diversos autores fazem referência também às possibilidades que as danças oferecem para comunicar, compartilhar, interagir, imaginar, criar. Possibilitam uma forma de expressão que é única no rol das atividades motoras. Por meio delas, os alunos podem perceber melhor as qualidades de leve/pesado, forte/fraco, rápido/lento, fluído/interrompido, e também em relação à intensidade, duração e direção dos movimentos. Adquirem um tipo de educação estética para a apreciação e valorização de manifestações expressivas e artísticas. (DUARTE e TIBEAU, 2007)

Embora a dança seja considerada conteúdo de duas disciplinas escolares, tem sido pouco utilizada como ferramenta educacional. Um dos possíveis motivos talvez seja o preconceito que existe em relação à questão do gênero. Culturalmente, a dança ainda é considerada uma atividade só para mulheres.

Mas qual gênero ou estilo de dança pode ser utilizado na escola? As danças urbanas, as que caracterizam uma época, como o *funk*, o *rap*, as danças sociais, as danças folclóricas como o frevo, o maracatu, as danças eruditas, a dança criativa, a dança de rua? Qualquer estilo pode ser utilizado como ferramenta educacional desde que o professor não reforce modismos e alerte seus alunos sobre os fortes apelos existentes nos meios de comunicação de massa em relação a alguns tipos de danças.

Despertar o senso crítico dos alunos a respeito das várias manifestações da dança deve ser um dos objetivos em qualquer nível de ensino. Além disso, o professor deve evitar posturas que tornem esse tipo de atividade mecânica, com a simples cópia de gestos, que bloqueia a criatividade e a espontaneidade dos alunos.

A título de exemplo, lembro de uma aluna do curso de licenciatura que tinha uma afinidade muito grande com as danças sociais e acreditava no seu potencial educativo. Relato de forma bem resumida o que me foi contado por ela. Depois de formada e concursada, foi trabalhar em uma escola na periferia de São Paulo. Muito empolgada, planejou trabalhar com as danças sociais. A reação dos alunos, do último ano do ensino fundamental, foi de recusa e de desprezo pelo que queria ensinar. Ela tentou mais algumas vezes, de outra forma, mas não obteve resultados. Um dia, conversando com esses mesmos alunos, perguntou o que eles faziam para se divertir quando saiam com os amigos. Para sua surpresa eles disseram que gostavam de dançar. Mas que tipo de dança? O *funk* ou o *rap* (não me lembro bem) e continuando a conversa eles contaram que gostavam desse tipo de dança porque ela era uma forma de protesto contra os problemas da sociedade atual. De maneira brilhante essa professora comentou com esses alunos que, em outras épocas, outros estilos de dança também serviram como forma de protesto por alguma coisa. Isso causou espanto nos alunos e eles queriam saber mais sobre o assunto. Ela se preparou para a aula seguinte e lhes falou sobre o *rock and roll*, da juventude da época e como era dançado. Não foi fácil, mas daí para frente conseguiu atrair a atenção dos alunos para esse tipo de atividade e levou o tango, o frevo e outros estilos de dança para suas aulas. O fim desse caso acaba com a formação de um grupo de dança social na escola. O mais interessante é que essa professora conseguiu atingir seus objetivos, não pelo caráter procedimental da dança, mas justamente pela dimensão histórica e social do tema.

5.3 LUTAS SIM, BRIGA NÃO

As lutas são citadas nos PCNs como conteúdos das aulas de Educação Física, um instrumento importante na formação das crianças. Embora a disciplina de lutas já faça parte de alguns cursos de formação de professores, sua inclusão no rol das ferramentas pedagógicas tem gerado conflitos e discussões que colocam em jogo o seu verdadeiro valor.

É necessária, antes de tudo, uma reflexão sobre os princípios pedagógicos que permeiam a prática de lutas na infância e na adolescência, principalmente em relação aos objetivos a serem alcançados. Via de regra, imagina-se que as lutas poderiam ser utilizadas especialmente para o alcance de objetivos sócio-afetivos, que envolvem atitudes e valores. O caráter disciplinador que pode advir desse tipo de atividade não pode ser considerado único. As lutas devem ser reconhecidas como conteúdos que têm valores cognitivos e motores que não podem ser relegados a segundo plano.

O paradigma da competição (vencer a qualquer preço), o caráter de "briga" associado às lutas, sua prática entendida por muitos como marginal e perigosa e as informações manipuladas da mídia devem ser substituídos, colocando em pauta o caráter educativo que esse tipo de atividade da cultura corporal de movimento pode oferecer. Parece difícil, mas se o educador tem seus propósitos bem definidos, pode conseguir a quebra de um paradigma que há muito vem assombrando esse tipo de atividade motora.

De acordo com os PCNs, as lutas são caracterizadas por atividades de contato corporal, nas quais regras são obedecidas e respeitadas, com a finalidade de subjugar o oponente, com técnicas e estratégias de desequilíbrio, de imobilização, de ataque e defesa. As lutas podem ser entendidas como jogos de oposição, esportes de combate, isto é, vão desde os jogos de cabo de guerra, passam pelo braço de ferro e chegam até as mais complexas técnicas, como a capoeira (quando considerada luta), o judô, a esgrima, o caratê, o *tae kwon do*, entre outras formas.

O professor que optar por esse tipo de prática como meio para atingir objetivos educacionais pode também utilizar sua imaginação e criar exercícios de oposição e de combate que ofereça a seus alunos possibilidades de experimentar novos movimentos. Pode também fazer uso de estratégias de ensino que motivem e desafiem os alunos a criarem esse tipo de atividade, valorizando o respeito ao colega e o aspecto lúdico nessas ações.

Um exemplo: solicitar aos alunos que misturem diferentes tipos de lutas que já viram em filmes ou em competições. Uma tarefa que não configurasse apenas um tipo ou uma sequência de golpes ou quedas apenas específico de uma só luta. Isso poderia ser feito em grupo, em que todos os componentes colaborem com suas ideias e suas experiências.

Outra possibilidade interessante e com grande valor educativo nas 3 dimensões (motora, cognitiva e sócio-afetiva) são as lutas com algum tipo de material, como é o caso da esgrima. Utilizar um objeto de madeira leve ou plástico que possa servir como florete ou sabre proporciona aos alunos a experiência de movimento com algo que está no prolongamento de sua mão. A postura corporal e os deslocamentos dos pés também são uma forma diferente de movimento que, junto com a manipulação do material, desafia o aluno.

Para além das ações motoras, que constituem o conteúdo procedimental das atividades de confronto, existe também um tipo de saber conceitual e factual importante e que deve ser ressaltado. A natureza histórica e a riqueza da diversidade cultural da origem de diferentes tipos de lutas elevam o potencial pedagógico e valorizam ainda mais a sua utilização como ferramenta pedagógica. Muitos tipos de lutas têm um caráter filosófico que supera o gesto ou o movimento que lhe é peculiar.

Como lembra Lançanova (s/d), o trabalho do professor na Educação Física Escolar vai além de ensinar ou promover a iniciação em uma modalidade esportiva, ou seja, a luta como um fim nela mesma. Cabe ao professor atuar como um educador, pensando no aluno como uma unidade envolvida em um todo. Assim, o aluno deixa de ser um depositório de informações, para ser um educando atuante, que não aceita apenas um aglomerado de conhecimento, mas um conhecimento que lhe sirva para a vida.

6 Como ensinar: as estratégias de ensino em atividades motoras

O processo ensino-aprendizagem de habilidades motoras requer do profissional uma tomada de decisão em relação à sua postura frente aos alunos e a forma de tratar os conteúdos da aprendizagem. A aprendizagem implica progressão de um estágio de aprendizagem para outro (do verbal-cognitivo, para o motor-associativo até chegar ao autônomo) e depende da motivação, das instruções que o aluno recebe e também de como a prática é organizada.

A literatura tem apontado diferentes nomenclaturas para a organização da prática pedagógica em relação às estratégias de ensino, mas para os propósitos desse capítulo, optamos por considerar:

Método: tratamento que se dá ao conteúdo a ser aprendido, ou seja, como o professor trabalha com o conhecimento a ser ensinado.

Metodologias ou estilos de ensino: definidos como comportamento ou atuação do professor frente à aprendizagem do seu aluno. Existem basicamente duas formas de classificar a postura do professor – a diretiva e a não diretiva.

6.1 A DECISÃO PELO TODO OU PELAS PARTES: OS MÉTODOS DE ENSINO

Na Educação Física, as primeiras observações sobre métodos de ensino consideravam que a regra mais importante era ir passo a passo, do fácil para o difícil. É a partir de 1920 que os reformadores da Educação Física Escolar difundiram três princípios básicos, entre eles o da totalidade, que se refere ao método global, sem divisão da tarefa em partes sem sentido.

Muito discutido na década de 80 e retomado no início desse século, os métodos de ensino utilizados na Educação Física são chamados de diferentes nomes: método parcial, das partes, ou fracionado; método global ou do todo e método misto.

A literatura especializada indica o método parcial como a maneira de conduzir a aprendizagem, dividindo a tarefa em partes, treiná-las separadamente, para depois juntá-las. Uma das vantagens apresentadas por esse método é a ênfase que se dá ao desempenho de cada parte a ser aprendida. Resulta em um rápido melhoramento da técnica do movimento, mas tem como desvantagem a possível perda de continuidade do movimento. Além disso, a aprendizagem da tarefa por partes pode causar desmotivação.

> Para ensinar o jogo de raquetes: primeiro as crianças deveriam aprender a segurar a raquete e bater na bolinha (ou peteca). Depois aprenderiam a execução do saque e de outras formas de rebater a bola (por cima, pela direta e pela esquerda, etc...). Quando a execução desses movimentos estiver adequada, as crianças poderiam ser colocadas em situação de jogo.

Entretanto, existem tarefas motoras que, pela independência de suas partes e pelo número elevado de elementos (ou movimentos), requerem uma aprendizagem fragmentada.

> Uma sequência coreográfica de ginástica rítmica é (ou poderia ser) aprendida por uma variação do método parcial – o parcial progressivo ou repetitivo. As alunas aprendem e praticam o primeiro movimento; depois aprendem e praticam o segundo movimento. Na terceira etapa executam os dois movimentos aprendidos e, assim, sucessivamente, até que consigam executar toda a sequência coreográfica.

Outra indicação é o chamado método global que propõe a aprendizagem das atividades ou tarefas em sua forma completa. Esse método permite uma compreensão de como é a atividade em sua forma real, é mais motivante e oferece maiores possibilidades de expressão dos alunos. A esse respeito, Zabala (2000) referiu-se ao caráter da percepção humana, que é total. Isso implica entender que o ponto de partida de toda aprendizagem é sempre de caráter global e que parte de atividades têm sentido para o aluno.

> Uma coreografia de dança aprendida pelo método global se tornaria ineficiente, uma vez que exige, além de outras coisas, memória para lembrar todos os movimentos. Nossa memória, em geral, tem a capacidade de reter uma determinada quantidade de informações (ou movimentos). Imagine que aprendêssemos 5 ou 6 movimentos seguidos. Ao tentar repeti-los, provavelmente, teríamos dificuldades em lembrá-los ou de executá-los na ordem certa.

> Se a intenção do professor é que seus alunos aprendam a dinâmica de um jogo, deveria optar pela aprendizagem global, permitindo que eles, mesmo cometendo erros de caráter técnico, pudessem entender o funcionamento e o sentido do jogo. Imagine que, se para entender e ter um primeiro contato com o jogo de vôlei, o aluno tivesse que executar tecnicamente os fundamentos toque, manchete, cortada, bloqueio, saque, etc...

O método misto consiste em apresentar a tarefa em sua forma completa, separar as partes que devem ser aprendidas separadamente e depois juntá-las novamente. Desta maneira, os alunos têm uma visão geral da atividade a ser aprendida e podem aprender as partes mais difíceis separadamente, para depois uni-las novamente.

> Bastante recomendado para os jogos esportivos: os alunos aprendem a dinâmica do jogo, com base em seus esquemas mentais adquiridos anteriormente. Depois, o professor ensina a correta execução dos fundamentos (todos de uma vez ou um de cada vez – método parcial). Os alunos voltam à situação de jogo utilizando os fundamentos aprendidos e praticados. Se, no decorrer da prática do jogo, os alunos apresentarem erros ou deficiência na execução, o professor volta ao método parcial para o treinamento das técnicas.

Temos observado que, em atividades da Educação Física na escola, em clubes, em academias e em centros esportivos os profissionais preferem trabalhar com o método parcial, por considerarem tal método mais eficiente e eficaz. Um dos argumentos apresentados na literatura para justificar tal equívoco é que a maioria das pessoas está acostumada a usá-lo. Aprenderam assim e julgam que essa é a melhor forma de ensinar seus alunos. Uma análise mais detalhada em relação à complexidade e organização da tarefa e o objetivo a ser alcançado pelos alunos devem ser levados em consideração para a tomada de decisão quanto ao método a ser utilizado.

Um fato que nos chama a atenção nas pesquisas sobre os métodos de ensino é o entendimento que se faz do que são o todo e as partes de uma atividade motora. Por exemplo, o basquete é uma atividade motora com classificação de esporte – é o todo. Seus fundamentos ou técnicas (bandeja, passe, arremessos) são habilidades específicas que devem ser aprendidas para serem executadas corretamente – as partes. Porém, se analisarmos uma dessas partes separadamente, como, por exemplo, a bandeja, percebemos que existem pelos menos 3 partes nessa habilidade: drible, passadas e arremesso. Porém, esses componentes devem ser executados conjuntamente para que se caracterize como bandeja. Isso tudo significa que o basquete pode ser ensinado e aprendido pelo método das partes, dependendo dos objetivos que se quer alcançar. Mas ensinar a bandeja por esse mesmo método, descaracterizaria a habilidade específica.

Outro exemplo: o saque do tênis é uma habilidade motora específica que só existe se houver um executante, que empunha uma raquete e que tem a intenção de impulsioná-la de encontro a uma bola. Ou seja, não se pode representar o saque do tênis sem esses componentes. Ensinar o saque dividindo-o em partes pode perder o significado e o sentido para quem aprende e, além disso, descaracteriza a habilidade motora específica.

Nossa experiência prática com a Ginástica Rítmica (GR) mostrou que quando as alunas aprendem os elementos corporais separadamente do manuseio dos materiais (corda, bola, maças, arco e fita) costumam apresentar um decréscimo na amplitude, coordenação e estética dos movimentos. Isso também foi observado e comentado por Caçola (2006: 1): no momento em que as alunas precisavam juntar os movimentos corporais com os do material, "era uma nova aprendizagem... parecia que todo o tempo destinado para ensinar as partes da habilidade tinha sido perdido, pois era necessário aprendê-la novamente".

Nesse caso, parece existir uma regressão em relação ao adquirido, provavelmente causada pela dificuldade de incorporação do novo, perdendo-se, nesse processo, tempo até que a aluna volte à sua forma anterior. Outro importante aspecto a ser mencionado é o fato de que a não introdução dos materiais já nas primeiras aulas conflitaria com a expectativa das alunas que, ao optarem por essa atividade, têm nos materiais um forte fator motivacional.

Como afirmamos anteriormente (TIBEAU,1988) e como foi também salientado por Caçola (2006): se, por um lado pode parecer, intuitivamente, mais fácil aprender as partes da GR; por outro lado torna-se difícil acreditar que um método de ensino que causa pobreza rítmica no desenvolvimento da tarefa limita a possibilidade de expressão do aluno e ignora a necessidade que os alunos têm de desenvolver um quadro geral da atividade que quer executar, possa ser adequado para a GR, dependente principalmente desses aspectos para seu desenvolvimento.

Acreditamos que a utilização do método global ajuda os alunos a aprenderem a pensar como um todo, e não em fragmentos, em partes. A divisão em partes, sejam elas quais forem, é entendida como necessária quando se trata de aperfeiçoar um movimento.

6.2 DA DIRETIVIDADE À CRIATIVIDADE – ESTILOS OU METODOLOGIAS DE ENSINO

Mosston e Ashworth (1996) partem da premissa de que o processo ensino-aprendizagem está baseado nas relações entre o professor e o aluno. Esses autores são conhecidos há mais de três décadas pela construção de um espectro de estilos de ensino, no qual apresentavam formas de trabalho que iam do comando à criatividade. Reformularam suas propostas na obra *La reforma de los estilos de enseñanza* e discutem a não controvérsia entre os estilos, ou seja, mostram as possíveis relações entre as opções de ensino.

Não existe supremacia de um estilo em relação a outro. É possível e recomendável utilizar uma metodologia durante um tempo determinado e, quando os objetivos forem cumpridos, eleger outro estilo. O profissional consciente está sempre em busca da melhor forma para atingir os objetivos educacionais. Assim, deve utilizar os diferentes estilos em sua prática pedagógica.

O quadro a seguir foi criado com base nas orientações dos autores, sinaliza a linha da descoberta (*umbral del descubrimiento*), apresenta uma síntese das diferentes características dos dois grupos de estilos e mostra a direção do desenvolvimento da autonomia ou independência dos alunos. As letras representam os diferentes estilos preconizados no espectro, da seguinte forma:

A) estilo de ensino por Comando;

B) estilo por Tarefa;

C) estilo Recíproco;

D) estilo de Autoavaliação;

E) estilo de Inclusão;

F) estilo por Descoberta Dirigida;

G) estilo Divergente ou Resolução de Problemas;

H) estilo de Programa Individualizado;

I) estilo para Alunos iniciados;

J) estilo de Autoaprendizagem.

Quadro 1: Os Estilos de Ensino de Mosston e Ashworth –
Adaptado por Cynthia Tibeau – acervo pessoal.

Os cinco primeiros estilos apresentam como função do professor demonstrar e explicar atividade a ser aprendida pelo aluno.

O **estilo por comando** ou **mando direto (A)** é caracterizado pela relação entre o estímulo do professor e a resposta do aluno. Cabe ao professor demonstrar a tarefa, determinar o tempo para executá-la e, ao aluno, executá-las. O sinal de comando para o início de término da tarefa pode ser substituído por um suporte rítmico ou música.

Essa forma de trabalho é muito criticada no meio educacional, mas é necessário que se entenda quais objetivos podem ser alcançados por meio desse estilo. Se a busca é por uniformidade, execução sincronizada, aprendizagem de técnicas, precisão de movimentos, eficiência de tempo útil e segurança, entre outros, o comando é o estilo mais apropriado. A utilização desse tipo de metodologia de forma indiscriminada e por períodos de tempo prolongado não é indicada e prejudica o alcance de objetivos de independência do aluno.

Vale ressaltar que, em uma mesma aula, diferentes estilos podem ser utilizados. Por exemplo, uma aula em que o professor planejou como tema central elementos de destreza corporal, poderá utilizar exercícios sob o seu comando para garantir um mínimo de preparação de seus alunos. Dessa forma, pede aos alunos que se coloquem em formação, por exemplo, em colunas e fileiras para que ele possa visualizar e corrigir quando necessário. Demonstra o exercício e, ao seu comando de voz ou no início da música, os alunos iniciam a execução. Todos executam o mesmo exercício com a mesma intensidade e duração.

O **ensino baseado na tarefa (B)** propõe a tomada de decisões por parte do aluno em determinada parte da atividade. Dessa forma, o professor mostra o que deve ser feito, determina repetições e o aluno executa em seu próprio ritmo. Enquanto isso, o professor pode circular pela quadra, fornecer *feedback* individual, motivar a todos e auxiliar alunos que apresentam dificuldades. Ainda é o professor que toma todas as decisões em relação ao que deve ser executado, mas cada aluno se torna responsável pela execução, considerando a intensidade e a duração de acordo com suas próprias condições.

O professor reúne os alunos ao seu redor e dá as instruções para a tarefa ou exercício. Demonstra, explica e estipula um número de repetições ou o tempo para a execução da tarefa. Por exemplo: o professor tem como objetivo de sua aula que os alunos melhorem as habilidades específicas do voleibol. Pede aos alunos que, individualmente, executem 3 séries de 10 de toques acima da cabeça (ou tendo a parede como apoio), com um pequeno intervalo entre cada série. Reforça os pontos principais do movimento, incentiva o aluno a melhorar cada vez mais sua execução. Cada aluno, de posse de uma bola, escolhe o lugar onde irá executar o exercício, quando inicia a tarefa e quando ela termina.

Existe uma variedade de situações nas quais essa metodologia é utilizada e o professor pode, inclusive, utilizar fichas para que os alunos anotem erros e acertos das tarefas propostas. Dessa forma, aprendem a reconhecer o que já conseguem fazer e o que ainda necessitam praticar mais. Por exemplo, uma lista de movimentos que o aluno deve realizar na trave de equilíbrio. O professor demonstra, explica, distribui a folha de tarefas para que o aluno anote o que conseguiu fazer, seus erros e seus acertos. O aluno começa a ser responsável pelo resultado que pode obter.

A estrutura e a aplicação do **estilo recíproco (C)** oferece possibilidades de uma maior interação entre os alunos e condições de *feedback* mais imediato. O professor determina a tarefa a ser executada, os possíveis erros e os alunos trabalham em duplas: um como executante e o outro como observador, que trocam as funções quando o aluno--executante terminar a tarefa.

Isso possibilita aos alunos o entendimento da tarefa sob dois ângulos diferentes e promove uma relação sócio-afetiva entre eles: um se torna responsável pelo desempenho do outro e vice-versa. Enquanto observa, o aluno processa informações visuais sobre os detalhes do exercício, erros e acertos do aluno executante. Quando trocarem as posições, essas informações serão importantes para sua execução. De modo contrário, o aluno executante, ao trocar sua função para observador, terá informações cinestésicas importantes para auxiliar e corrigir seu companheiro.

Esse procedimento mostra-se bastante vantajoso, principalmente em exercícios nos quais a informação imediata é necessária. É interessante a utilização de uma ficha para o aluno-observador que contenha a descrição da tarefa, os critérios para a correção e anotação de acertos e erros. Esse estilo pode ser utilizado em qualquer classe de ensino, desde que o professor forneça tarefas e critérios de observação compatíveis com as possibilidades dos alunos. Um exemplo para classes de crianças de 6 anos: o professor demonstra e explica o rolamento frontal. Solicita que o aluno-observador verifique se o companheiro coloca o queixo junto ao tórax, se toda a extensão das costas toca o chão e a finalização para a posição em pé foi feita sem o auxílio das mãos. Pode também elaborar uma ficha com desenhos se os alunos não são ainda alfabetizados.

Um quarto estilo apontado pelos autores é denominado **auto-avaliação (D)**. Semelhante ao estilo por tarefa, no qual o professor determina a tarefa a ser executada, essa metodologia oferece ao aluno a possibilidade de desenvolver a consciência da própria execução e realizar um *feedback* intrínseco. Uma alternativa já utilizada por um de nossos grupos de Ginástica Rítmica consistia em filmar algumas tentativas de execução da tarefa pela ginasta. Imediatamente após, ela assistia ao vídeo e podia visualizar erros e acertos, produzindo seu próprio *feedback*.

Ainda que o professor tenha dado o modelo ou demonstrado a tarefa, esse estilo promove o processo de individualização. O aluno começa a conhecer suas potencialidades e limitações e se torna responsável pela melhoria de sua execução. Essa metodologia requer tempo e aceitação plena por parte do aluno e do professor e se torna desnecessária quando a tarefa pode ser realizada melhor por meio de outro estilo.

Nesse estilo é necessário elaborar uma ficha de tarefa para o aluno, como o exemplo a seguir:

Nome do Aluno:............................ Classe: ....Data: ....

Tema: exercícios com raquete e bola

Tarefa	Direita	Esquerda
Rebater a bola 10 X contra a parede		
Rebater a bola 10 X para cima		
Saque		

Tema: habilidades na trave de equilíbrio

Tarefa	Realizada	Necessita + tempo
Andar e realizar 4 giros completos		
Rolamento para trás finalizando sentada		
4 posições de equilíbrio por 15 segundos		

Os quatro estilos citados apresentam um único modelo de execução da tarefa, decidido e demonstrado pelo professor e executado pelo aluno. O quadro 1, exposto anteriormente, demonstra o sentido da possibilidade de alcance da independência e autonomia do aluno. O estilo por comando representa o de maior dependência do aluno em relação ao professor e os demais, gradativamente, apresentam maior participação do aluno.

O **estilo de inclusão (E)** propõe criar condições para que todos os alunos participem, estabelecendo diferentes níveis de execução do exercício. É característica comum de algumas brincadeiras e jogos infantis a eliminação daquele que erra. Isso também acontece em algumas (senão muitas) atividades em aulas de Educação Física. O exemplo clássico: os alunos devem saltar uma corda suspensa. A altura da corda vai sendo aumentada e o aluno que erra não executa mais. Essa exclusão acaba por deixar inativo o aluno que mais precisa praticar para vencer suas limitações e acaba causando desmotivação. Se esse aluno pudesse tentar algumas vezes mais, com certeza passaria para o próximo estágio da corda.

Com o mesmo objetivo (domínio do corpo para ultrapassar obstáculos), o professor poderia utilizar cordas (fixadas em cadeiras, cones, traves, etc…) em diferentes alturas. Os alunos saltam e quando estiverem frente a um obstáculo que não conseguem ainda ultrapassar, repetem o movimento (na mesma altura de corda). O professo observa, motiva e fornece dicas para que os alunos consigam ultrapassar o limite e tentem a próxima altura.

O mesmo poderia ser feito com exercícios de arremesso a um alvo. Diferentes alturas e distâncias podem ser propostas para os alunos e aqueles menos habilidosos motivam-se e podem participar ativamente das aulas conhecendo suas limitações e potencialidades. É interessante também solicitar aos alunos mais habilidosos que forneçam dicas para aqueles que ainda não conseguem realizar a tarefa por completo.

> As dicas de aprendizagem são estratégias cognitivas que auxiliam o aluno a obter uma ideia do movimento, a direcionar a atenção para um ponto crítico e importante da tarefa e podem ser facilitadoras da aprendizagem.

Os demais estilos estão relacionados a operações cognitivas e implicações sócio-afetivas que levam à criatividade. Descrevem formas de trabalho nas quais o aluno é protagonista do processo e a principal meta é sua autonomia. O aluno é estimulado a buscar novas respostas, a inventar, a aprender a aprender, ir além do conhecido; e o professor mediador e facilitador da construção de conhecimento do aluno. Isso exige que o professor esteja preparado para propor problemas e situações relevantes, aceitando e valorizando as ideias e as soluções encontradas pelos alunos.

O estilo **por descoberta dirigida (F)** implica uma relação professor-aluno, na qual uma sequência de perguntas do primeiro leva o aluno a elaborar uma série de respostas. Traduz-se em um processo convergente, que leva o aluno a descobrir um conceito, um princípio ou uma ideia. Uma regra para a utilização dessa estratégia refere-se ao comportamento de aceitação, paciência e aprovação do professor pela resposta do aluno. Além disso, o *feedback* positivo proporciona uma motivação e um ambiente ideal para a participação ativa do aluno no processo.

Costumo alertar meus alunos de graduação a respeito desse estilo que, se não for devidamente planejado ou se o professor não estiver preparado, pode resultar em tempo perdido ou uma interminável troca de perguntas e respostas. Esse procedimento deve levar por volta de 15 minutos para que os alunos cheguem a uma resposta esperada pelo professor. Se isso não acontecer, provavelmente o professor está formulando de forma errada as perguntas ou o assunto pode estar além ou aquém da capacidade dos alunos.

Nas aulas para alunos do ensino fundamental o professor tem como objetivo a execução do chute parabólico. Pode optar pelo estilo por tarefa e, assim, demonstrar o chute com o peito do pé e pedir para os alunos executarem de acordo com o modelo oferecido. Por outro lado, pode optar por iniciar sua aula colocando uma situação-problema para os alunos resolverem. Começa contando (ou desenhando) que um jogador quer chutar a bola para um companheiro que está próximo à linha lateral do campo. Pergunte aos alunos como poderia fazer isso e a resposta *pode ser*: chutando forte. Entretanto, essa não é a resposta que o professor planejou, assim ele formula outra pergunta: mas tem pessoas do outro time entre nós que podem interceptar a bola. Como fazer? Dessa forma está dirigindo a resposta dos alunos para o que planejou. Novamente uma resposta que *pode ser*: chutar para outro companheiro, que chutará para o da linha lateral. Novo argumento do professor: mas a bola pode sair pela lateral e assim perdemos o passe. Resposta: chutar fazendo a bola passar por cima! Resposta que o professor queria. Se quiser pode continuar, perguntando como deve ser o chute para que a bola passe por cima dos adversários (chute parabólico), ou utilizar a próxima estratégia, na qual o aluno deverá experimentar diferentes soluções para um problema dado pelo professor.

Na **resolução de problemas ou estilo divergente (G)** o professor estimula os alunos, por meio de uma pergunta, problema ou situação. Essa iniciativa leva o indivíduo a buscar soluções ou respostas variadas e fora do comum. Os objetivos principais dizem respeito à possibilidade de o aluno alcançar um nível de segurança afetiva que lhe permita ir mais além das respostas convencionais. Após essa busca, os alunos avaliam as ideias e elegem a mais adequada. Esse estilo de ensino vai de encontro às nossas ideias em relação ao desenvolvimento do potencial criativo do aluno. Como já vimos anteriormente, a resolução de problemas é uma das partes que definem a criatividade como capacidade humana.

A situação do estilo anterior pode complementar o exemplo para essa nova metodologia. O professor pergunta aos alunos de quantas formas diferentes eles conseguem chutar a bola de forma que ela descreva uma curva. Os alunos experimentam diversas possibilidades (enriquecem seu acervo motor) e, com certeza, vão executar o chute parabólico com o peito do pé.

O pseudoproblema desses estilos é que o professor deve estar preparado para aceitar as diferentes formas que os alunos encontram. Mesmo não sendo aquela resposta que o professor precisa para sua aula, deve sempre elogiar as ideias dos alunos e incentivá-los a prosseguir buscando novas formas.

6.3 OUTRAS POSSIBILIDADES

Na proposta de Mosston e Ashworth, uma nova divisão poderia ser feita em relação aos últimos três estilos: **programa individualizado, estilo para alunos iniciados** e **autoaprendizagem**. A participação do aluno nessas metodologias de ensino é resultado das experiências acumuladas nas anteriores e se caracteriza pela individualização. Difíceis de serem utilizadas em aulas de Educação Física Escolar, uma vez que exige uma disposição individual do aluno para sua concretização e é difícil de ser operacionalizada em classes numerosas. Os alunos devem estar preparados para criar e solucionar problemas e nem todos podem estar preparados ao mesmo tempo para essa decisão.

Os estilos de ensino foram apresentados com exemplos que privilegiam as atividades motoras, mas podem e devem ser adaptados para conteúdos conceituais e atitudinais.

7 Criatividade

Nenhuma regra é tão profundamente enraizada que não possa ser rompida. (Sociedade dos Poetas Mortos)

A reprodução e fragmentação do conhecimento parecem ser a causa de muitos problemas enfrentados desde o ensino fundamental até a universidade. Os alunos parecem suportar cada vez menos a rigidez e uniformidade dos conteúdos curriculares que não correspondem às suas necessidades, expectativas reais e projetos de vida.

Ao entrar na escola, a criança encontra um sistema que ignora suas experiências anteriores, limita a aprendizagem, priorizando a linguagem e o pensamento lógico. A criança torna-se menos criativa, afastando-se do pensamento divergente, do comportamento não verbal e da percepção direta das coisas. Prado (1997) argumenta que o escasso trabalho prático-corporal nas escolas gera um comportamento rígido e inexpressivo nos adultos.

A preocupação com o desenvolvimento da criatividade é expressada por estudiosos do assunto em diferentes áreas do conhecimento e transparece nos objetivos educacionais que regem a maioria das propostas pedagógicas. Afirma-se que todo ser humano é criativo e que sua produção criativa depende de estímulos por parte do professor ou do meio ambiente.

Dessa forma, faz parte do discurso pedagógico a importância de propiciar aos alunos momentos nos quais possam desenvolver seu potencial criativo. Muitas vezes o discurso para por aí e profissionais da Educação em geral e da Educação Física em especial, que muitas vezes não tiveram a chance de desenvolver seu próprio potencial criativo, acabam optando por ensinar aos seus alunos somente conteúdos pontuais e pouco significativos, que privilegiam apenas técnicas.

No agir criativo entram em jogo capacidades cognitivas, afetivas, sociais e motoras. Infelizmente, as aulas de Educação Física, na maioria das vezes, privilegiam somente um tipo de prática, enfatizando a aprendizagem de movimentos estereotipados, tendo como objetivo disciplinar o corpo e alcançar um modelo de movimento padronizado, otimizado, "correto". A instrumentalização dos movimentos corporais, a padronização de gestos característicos dos esportes é orientada para o resultado e o produto, *não permitindo que os alunos formem seus próprios significados de movimentos... conduzem à passividade e à submissão, desencorajando a criatividade* (GONÇALVEZ, 1994: 36).

A cultura ocidental sempre valorizou o pensamento dedutivo racional, gerando um estilo de criatividade estreitamente relacionado com o produto, enquanto a civilização oriental privilegia a experiência subjetiva como forma de conhecimento. Um processo que se traduz em um estilo de criatividade mais centrada no ser humano e no seu desenvolvimento pessoal. Os primeiros autores veem a criatividade como uma forma de vida, por considerá-la um sistema de atitudes capaz de modificar-se e adaptar-se, quantas vezes seja necessário, para converter cada situação em uma possibilidade de aprendizagem e ensino.

> Estimular o potencial de alunos faz parte de um tipo de prática pedagógica que envolve mudanças. Mudanças, transformações, sair das situações rotineiras são experiências que causam estranheza, temor, assustam e têm tendência a não serem aceitas de imediato.

Quando se oferece ao aluno oportunidade para ser criativo está se oferecendo também uma abertura para a expressão de sentimentos, emoções, atitudes que muitas vezes chocam outras pessoas. Será que o educador está preparado para enfrentar situações nas quais seus alunos pensem, façam e atuem de forma diferente?

Não é nosso objetivo discutir aqui as competências do educador para lidar com esse tipo de situação que advém das atividades que envolvem o comportamento criativo dos alunos. Até porque não tem sido produtivo acusar a escola e o professor de inibidores do potencial criativo dos alunos. Se o futuro profissional é fruto do mesmo sistema baseado em um modelo de currículo cartesiano e multidisciplinar, o que se espera dele durante o seu curso de formação e na sua futura atuação? Como os professores universitários entendem, valorizam e promovem a criatividade dos futuros profissionais?

Se o desenvolvimento da criatividade depende da atuação do professor e se pretendemos que o aluno se torne sujeito do processo ensino-aprendizagem, o profissional da educação não pode mais ser transmissor de conhecimentos ou mediador entre a sociedade e o aluno. É necessário que ele seja incentivador, orientador, facilitador, motivador, que crie condições e ofereça oportunidades para que seus alunos possam se desenvolver de maneira autônoma e descobrir-se como sujeitos da história. Para que o professor adquira essas competências é necessário que descubra o seu próprio potencial criativo e adote um comportamento de aceitação daquilo que o aluno constrói.

Criatividade

Aceitar o comportamento do aluno não significa assistir passivamente tudo aquilo que ele apresenta como resposta a um problema proposto. É necessário que a intervenção do professor também promova uma visão crítica do aluno a respeito de sua própria produção.

O desconhecimento de características de personalidade e da forma de agir e se expressar, metodologias de ensino que estimulem formas de pensamento divergente e canalizem o agir para mudanças positivas também representam um obstáculo para o desenvolvimento do potencial criativo dos alunos.

Todavia, vale lembrar que algumas características do comportamento de pessoas criativas são consideradas inadequadas ou negativas e acabam por rotulá-las como pessoas difíceis. Algumas características de conduta, forma de agir ou mesmo de personalidade do indivíduo criativo são incompatíveis com aquelas mais enfatizadas pela sociedade em geral e pelo professor em particular.

Minha experiência com alunos da educação básica e do curso superior brindou-me com alguns casos. Um deles, em um curso de graduação em Educação Física, exemplifica o descrito anteriormente. Três alunos extremamente irrequietos e faladores estavam no pátio da universidade durante o intervalo das aulas. Sem nada interessante para fazer, começaram a disputar quem empilhava o maior número de cadeiras nas mesas da lanchonete. Cada um tinha a sua vez e os outros cronometravam o tempo. Tinham inventado uma nova forma de jogo e atraíram a atenção de outros alunos, que se juntaram nessa nova forma de se divertir. Não causaram nenhum dano aos colegas ou às mesas e cadeiras, mas sofreram punição da direção da instituição por promoverem uma "bagunça" nas dependências da universidade. Apesar de terem colocado sua capacidade criativa em ação, o comportamento deles foi interpretado como falta de respeito, baderna e falta do que fazer.

Esse tipo de atitude punitiva foi prejudicial a todos: os alunos perdem, pois deixam de conhecer novas formas de atividades e se sentem intimidados e desmotivados para tentarem criar outras formas. Os alunos criativos sentem-se desvalorizados no que podem oferecer de novo (não foi o caso deles, mas poderia ser). Os docentes que acreditam no potencial de seus alunos e os incentivam acabam sendo apontados como displicentes e com falta de conteúdo.

Outra situação, a título de ilustração: em uma de minhas aulas, explicando e mostrando em uma transparência as diferentes estratégias de ensino, percebi que um dos alunos (por acaso um dos três citados no exemplo anterior) estava debruçado sobre seu caderno, enquanto deveria estar atento à minha explicação. Continuei falando e me aproximei de sua carteira, sem ser percebida por ele, que estava extremamente concentrado em desenhar algo.

Para minha surpresa, o Leonardo estava transformando em desenho aquilo que eu estava falando. Por sorte, e por estar escrevendo sobre comportamentos criativos, minha reação foi cautelosa, mas de entusiasmo. Aproveitei aquele momento e mostrei aos outros alunos o que estava acontecendo e como um professor menos atento poderia bloquear um momento criativo de seu aluno. Enfim, o Leo, perplexo, me deu de presente os desenhos e mais tarde me autorizou a usá-los em minhas aulas. Faço isso até hoje, pelo tema e pelo exemplo de como um comportamento pode ser interpretado de forma equivocada. Obrigada mais uma vez professor Leonardo, por fazer parte dos meus exemplos pedagógicos (adequados e inadequados).

7.1 MAS,... O QUE É A CRIATIVIDADE?

*O novo nasce do velho e o supera
por incorporação.* (LUCKESI, 1990)

Identificar a criatividade com a arte e com a inventividade é restringir seu significado e alcance ou valorizar somente o produto, não o processo. A partir de 1950, aumenta o interesse dos pesquisadores pelo tema, já que o movimento humanista propõe o estudo de outras habilidades cognitivas. A criatividade não podia mais ser relacionada a um quociente de inteligência elevado.

As pesquisas sobre as funções dos hemisférios cerebrais também abriram novas possibilidades de estudos. Questões políticas, econômicas e as exigências da sociedade moderna conduziram ao interesse pela criatividade em termos profissionais e na área da educação. Desde então, a busca de uma definição do termo criatividade tem sido uma constante preocupação dos estudiosos do assunto.

Apesar das diferenças entre as definições sobre criatividade, os autores enfatizam as características fundamentais da criatividade: o novo, o original, a descoberta, o diferente. Além disso, parece existir consenso de que a criatividade pressupõe um processo em que a pessoa, em determinadas condições, elabora um produto que é, pelo menos, em algum aspecto, novo e valioso.

Mas, o novo, por si só, não pode constituir um ato criativo. A nova ideia, o novo ato, a nova solução, as novas formas de organização devem ser relevantes, resolver, esclarecer ou se adequar à situação problemática. A Figura 1 ilustra nossa compreensão das quatro dimensões da criatividade: pessoa, processo, produto e meio.

Na área da Educação, encontramos vários conceitos e definições sobre criatividade que apontam para uma capacidade humana, gerando um tipo de pensamento divergente. Um tipo de pensamento que tem como base as experiências anteriores e resulta em algo produtivo para o indivíduo ou para a sociedade.

A ação criativa é uma situação na qual se produz o novo, a expressão de uma ideia, de algo concreto ou de uma forma de comportamento que seja nova para quem o fez. Quando o aluno descobre algum fato que já foi revelado por outros, ainda assim representa uma realização criadora.

Nesse sentido, a criatividade também pode ser entendida como um procedimento metodológico adotado pelo professor em sua prática pedagógica. Uma estratégia de ensino na qual o professor oferece tarefas que incentivam o aluno a encontrar suas próprias ideias-respostas, mesmo que estas já sejam conhecidas pelo professor. As ideias ou soluções para uma tarefa surgem também da reelaboração de conhecimentos e vivências anteriores, mas são necessários indícios do professor que facilitem esse processo.

Esse tipo de estratégia caracteriza-se por situações em sala de aula, que geram uma "negociação" entre o grupo de alunos, fazendo com que o processo incite, além da prática, discussões em relação à descoberta de potencialidades próprias. Ensinar e aprender por meio de potencialidades próprias desencadeiam mudanças inesperadas e positivas no comportamento cognitivo, sócio-afetivo e motor.

7.2 CRIATIVIDADE COMO CONSTRUÇÃO DE CONHECIMENTO

Vigotski (1998) considera que a imaginação é a base de toda a atividade criadora, uma forma mais complicada de atividade psíquica, fundamental na constituição do conhecimento. A imaginação não repete combinações acumuladas, mas constrói novas formas a partir das experiências vividas.

Para melhor compreender a relação da imaginação com a atividade criativa, esclarece o vínculo existente entre a fantasia e a realidade.

A primeira e principal lei a que se subordina a função imaginativa é que a atividade criadora da imaginação tem relação direta com a riqueza e variedade da experiência acumulada pelo homem, que lhe possibilita mais do que se adaptar ao mundo. O homem não se limita a reproduzir experiências passadas; a partir de um complexo processo de dissociação e associação é capaz de criar novas combinações. Na segunda lei, fantasia e realidade se vinculam, para a construção de algo, visando satisfazer necessidades, anseios e desejos. Ou seja, existe sempre uma intenção para se chegar a algo diferente, portanto, a atividade criadora tem caráter intencional.

A terceira forma de vinculação da atividade criadora com a realidade é a influência do fator emocional nas novas combinações. Os sentimentos influem na imaginação, quer dizer, a combinação de experiências vividas não ocorre por semelhança ou identidade, mas porque possuem um sentimento afetivo comum.

De forma recíproca, a imaginação também influencia os sentimentos: mesmo que não esteja totalmente de acordo com a realidade, todos os sentimentos que emanam dela são reais. Para o autor, as formas de imaginação relacionadas com a criatividade e orientadas para uma penetração mais profunda na realidade exigem uma atitude mais livre da consciência para com os elementos desta realidade. Explica que a conexão interna entre a imaginação e o pensamento realista está intimamente ligada à vontade ou liberdade na atividade do homem. Fechando o círculo, vincula a imagem criadora e realidade ao surgimento de algo novo:

> ...o edifício erigido pela fantasia pode representar algo completamente novo, não existente na experiência do homem nem semelhante a nenhum objeto real; mas, ao receber forma nova, ao tomar nova encarnação material, esta imagem cristalizada, convertida em objeto, começa a existir realmente no mundo e a influir sobre os demais objetos (VIGOTSKI, 1998: 24)

Na década de 30, esse autor talvez tenha sido o primeiro a considerar o desenvolvimento da imaginação infantil diretamente vinculado às relações sociais e à aquisição da linguagem. A socialização produz uma consciência individual criativa, ou seja, o indivíduo reconstrói e reelabora os significados que lhe são transmitidos pelo grupo social a que pertence. Somente depois de socializados os indivíduos podem criar novas ideias e atividades. Sob a influência do adulto, as crianças criam novas formas de atividade consciente e propõem novos problemas.

Nesse sentido, a atividade de criação ou de imaginação construtiva da criança não pode ser considerada como um mero acúmulo de experiências anteriormente vividas. São atividades condicionadas de modo diferente na memória, pois a criança não se limita a recordar e viver experiências passadas, mas reelabora criativamente o que foi adquirido e aprendido, construindo novas possibilidades, transformando o mundo real. A capacidade de associar e dissociar percepções, ideias e acontecimentos é condição necessária para que a criatividade se manifeste.

Na teoria vigotskiana, o desenvolvimento humano está atrelado aos processos de aprendizagem, de "fora para dentro", ou seja, do nível interpessoal para o intrapessoal, em todas as funções psicológicas superiores, incluindo a atividade criadora.

Numa atividade orientada pelo adulto a criança é capaz de fazer muito mais coisas: ou seja, o que uma criança pode fazer hoje com a ajuda e assistência do adulto será capaz de fazer amanhã, sozinha. Isso corresponde à zona de desenvolvimento proximal (ZDP), entendida como

> *... a distância entre o nível de desenvolvimento real, que se costuma determinar através da solução independente de problemas, e o nível de desenvolvimento potencial, determinado através da solução de problemas sob a orientação de um adulto ou em colaboração com companheiros mais capazes.* (p. 112)

Evidencia, dessa forma, a importância dos membros do grupo social na mediação entre cultura e indivíduo. Os agentes pedagógicos têm importante papel no desenvolvimento do potencial criativo dos alunos, principalmente o professor como mediador, o "instrumento" na experimentação que a criança faz de seu mundo em busca de significação. Em interação com as crianças, o professor proporciona experiências que as levam a buscar novas formas de resolver problemas, combinar ideias e comunicar soluções. Tal intervenção pedagógica intencional provoca avanços no desenvolvimento do aluno, que não ocorreriam espontaneamente ou de maneira informal, em situações da vida cultural e social.

É bom salientar que o conceito de ZDP não tem relação alguma com a especialização precoce no esporte ou na dança. A aquisição de habilidades que estão muito além da capacidade da criança (tanto motoras como cognitiva) leva à desmotivação e pode causar danos ao seu desenvolvimento.

A imaginação, a fantasia, a invenção surgem, muitas vezes, do lúdico, mas não são atividades que podem ser caracterizadas apenas pelo prazer que proporcionam. Brincar é uma atividade fundamental para desenvolver a criatividade; a criança, enquanto brinca, relaciona-se com outras crianças e com adultos e modifica o significado dos objetos, conhece o mundo e apreende a realidade.

As contribuições de Rogers (1985 b) para uma teoria da criatividade têm pontos em comum com as apresentadas por Vigotski. Também para ele a criatividade surge do processo de interação entre o indivíduo e o grupo. O produto do processo criativo deve resultar em algo observável, por uma forma de expressão. Esse resultado representa uma nova construção e essa novidade resulta de qualidades pessoais na interação com os materiais fornecidos pela experiência e com o meio ambiente. Define o processo criativo como

Uma emergência na ação de um novo produto relacional que provém da natureza única do indivíduo por um lado, e dos materiais, acontecimentos, pessoas ou circunstâncias de sua vida, por outro. (p. 309)

Rogers acredita que a construção de algo novo, a partir de experiências vividas, é qualidade da pessoa saudável, aberta às experiências e que, portanto, tem todos os dados de sua memória e de aprendizagens anteriores à sua disposição para a satisfação de suas necessidades de desenvolvimento. Abertura à experiência significa uma total abertura àquilo que existe num determinado momento, o que, associado à ausência de rigidez nas percepções, resulta em uma capacidade maior para manejar espontaneamente ideias e relações, lidar com justaposições aparentemente impossíveis, traduzir uma forma em outra. Acerca-se assim do que relata Vigotski em relação a uma atitude mais livre na atividade do Homem e à associação e dissociação no processo criativo.

Outro ponto de encontro dos dois autores é em relação ao papel da escola e do professor. Rogers considera que a educação deve ter como meta criar condições que favoreçam a tendência do Homem ser criativo. O professor deve criar condições para que o aluno enfrente situações-problema reais e fornecer recursos para que a aprendizagem responda às necessidades e às buscas dos alunos: uma aprendizagem significativa em que ocorra a criatividade.

O professor facilitador, de Rogers, e o professor mediador, de Vigotski, são auxiliares, guias e referência no desenvolvimento do aluno e na constituição de seu conhecimento. Deve possibilitar ao aluno liberdade de expressão simbólica no pensar, sentir e agir para o jogo espontâneo de associar, dissociar, justapor e dar novos significados, o que é parte fundamental do processo criativo.

7.3 CRIATIVIDADE E INTELIGÊNCIA CORPORAL--CINESTÉSICA. DIREITO E ESQUERDO

O menino que não brinca não é um menino,
mas o homem que não brinca,
perdeu para sempre o menino que vivia nele
e que lhe fará muita falta.
(NERUDA, 1998)

Na literatura, usa-se o termo criatividade motora e criatividade corporal e, algumas vezes, os dois termos como sinônimos. Ruiz Pérez (1995) utiliza o termo criatividade motora para denominar a capacidade de produzir diferentes respostas por meio da motricidade. Trigo (1996 a:76) a define como:

> *a capacidade intrínseca humana de viver a corporeidade para usar toda a potencialidade do indivíduo na busca inovadora de uma ideia valiosa.*

O termo criatividade, na área da Educação Física, é bastante confuso e as definições de criatividade, em geral, não levam em conta as ações corporais. Uma das hipóteses levantadas para esclarecer esse fato é que a comunicação de atos criativos ocorre de forma artística, literária ou científica. A motricidade é volátil, as ações motoras desaparecem no mesmo momento de sua realização. São válidas, enquanto estão sendo produzidas. Muitas vezes, as ações não podem ser sentidas, vistas ou valorizadas por outros, porque simplesmente ficam restritas ao indivíduo.

Vista e valorizada por outros, a ação passa a ser considerada criatividade secundária (denominação dada por Maslow,1998). A comunicação do produto, ou seja, daquilo que se produziu, é uma forma de ter conhecimento, mesmo que parcial, de como o indivíduo vivenciou o processo de criação.

É dessa forma que um movimento passa a ser entendido como "técnica": nasce de uma ação motora criativa, é visto e julgado por outros e passa a ser incorporado ao repertório motor de outras pessoas com um objetivo determinado. A técnica pode ser definida como a forma mais adequada de execução de movimentos, em um determinado contexto. Daí a importância de o indivíduo passar pelo maior número possível de experiências significativas, para que possa gerar "recursos potenciais". Quanto maior quantidade e qualidade de experiências de movimento forem vivenciadas pelo indivíduo, maiores chances terá de criar movimentos corporais, fortalecendo e enriquecendo sua linguagem corporal como forma de expressão (TIBEAU, 1998).

Mas, será que qualquer atividade motora, sistematizada ou não, serviria para ampliar e melhorar a capacidade criativa da pessoa?

Em atividades físicas intencionais, que promovam o despertar do imaginário, da invenção e da criação, observa-se a formação de um tipo de linguagem corporal diferenciada das formas mecânicas verificadas em atividades físicas que preconizam a técnica e a automatização de movimentos.

As atividades lúdicas e os jogos, nos quais os indivíduos se sentem mais livres, são indicados para desenvolver a capacidade criativa. Tal capacidade está relacionada à linguagem corporal, mediante o jogo, objetivando a vontade de participar, ganhar e competir. Dessa forma, a linguagem corporal como expressão da criatividade está associada à comunicação por gestos (mímica), aos movimentos harmonizados pela música (dança), às ações controladas (ginástica e desporto) e pela integração de palavra, som, movimento (teatro).

Trigo (1996 b) em suas pesquisas constatou que crianças que praticam vários esportes ou tem atividades diversificadas em seu tempo de lazer são mais criativas que outras que praticam um só tipo de esporte organizado.

Criatividade

Se entendermos que a criatividade e a inteligência têm pontos em comum, podemos fazer aqui um paralelo (e não uma justaposição de conceitos), com o assunto das múltiplas inteligências. Gardner (1983) rompeu com a definição clássica de inteligência que se apoia em uma concepção única e quantificável. Suas pesquisas revelaram a existência de oito tipos de inteligência (linguística, lógico-matemática, espacial, cinestésica-corporal, musical, interpessoal, intrapessoal e naturalista).

> Antunes (2003) cita também a obra do Prof. Dr. Nilson Machado que inclui a competência pictórica, que se manifesta em qualquer criança através dos desenhos ou outros signos pictóricos.

No entanto, parece existir uma sobreposição de conceitos em relação à criatividade e o que Gardner denomina de inteligência corporal cinestésica, cuja principal característica é a capacidade de controlar os movimentos do próprio corpo de maneiras altamente diferenciadas, juntamente com a capacidade de manusear objetos com habilidade.

Tendo como referência a clássica teoria de Guilford, a inteligência está ligada a um tipo de pensamento convergente, com utilização de informações conhecidas e normas visando a uma solução única. Em contraposição, a criatividade é pensamento divergente, com a percepção de relações entre fatos, a elaboração de novas questões e a produção de algo diferente.

Esse tipo de diferenciação pode ser observado no trabalho de Xavier (1998), quando o autor faz uma distinção entre o conceito de inteligência corporal cinestésica e criatividade em atividades motoras, afirmando que as tarefas motoras abertas são as que mais propiciam o pensamento divergente e respostas motoras mais criativas. As tarefas motoras fechadas levam ao pensamento convergente, pois todos os indivíduos apresentam a mesma resposta motora para uma determinada tarefa.

Um aprofundamento nessa discussão poderia nos levar a uma aproximação de técnicas de movimento com tarefas motoras fechadas, o que nos daria ideia de que a inteligência corporal cinestésica seria uma capacidade de atletas ou de pessoas altamente especializadas em determinadas técnicas de movimento. As tarefas motoras abertas, nas quais cada indivíduo tem uma resposta motora diferenciada na resolução de uma tarefa, teriam uma relação mais direta com o conceito de criatividade.

Segundo os pressupostos da Neurobiologia, as áreas do cérebro correspondem a determinadas formas de cognição. O hemisfério cerebral esquerdo processa a informação de forma linear, ordenada, concreta, analítica e lógica e é responsável pelo pensamento lógico-matemático, enquanto o hemisfério cerebral direito tem padrões de pensamento que enfatizam a sensação, a percepção, a síntese e o rearranjo de ideias. Pelo hemisfério cerebral direito o homem aprende intuitiva e perceptivamente, por meio de seu corpo e na relação deste com o espaço. Suas características são a não-verbalidade, a fantasia, a concretização, a síntese, a criatividade.

Embora essa teoria tenha mérito, sugere erroneamente que a criatividade ocorre somente no hemisfério direito. Quando se trata de relacionar a criatividade com mudanças de conceitos e percepções, a utilização do hemisfério esquerdo é fundamental, já que é lá que são formados e alojados os conceitos e as percepções. Não há evidências de que um ou outro hemisfério seja o responsável pela atividade criadora, mas sim que o "diálogo" entre eles é que provoca a atividade da criação (D' AMBRÓSIO, 1998).

7.4 CARACTERÍSTICAS DO TRABALHO CRIATIVO

É necessário adquirir técnica, mas criamos por meio de nossa técnica e não com ela. (Nachmanovitch,1993)

Em aulas de Educação Física ou em atividades nas quais o objetivo é possibilitar o desenvolvimento do potencial criativo dos alunos, deve-se levar em conta as características que envolvem essa prática pedagógica e os aspectos que a cercam. Sem pretender fechar ou delimitar o assunto, a figura abaixo sintetiza tais características, enfocando as diferentes dimensões do desenvolvimento humano.

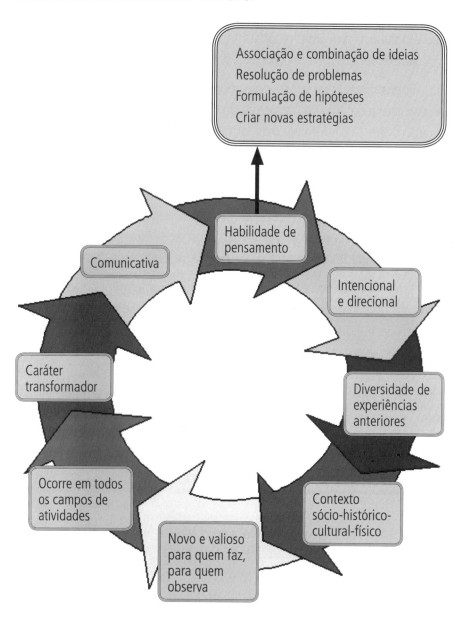

Nossa experiência no trabalho criativo com alunos de todas as faixas etárias nos permite relacionar a criatividade motora a cinco aspectos:

1) **Corporal:** atividades nas quais os alunos são solicitados a elaborar novas combinações e encadeamentos de movimentos corporais, que fujam do convencional.

2) **Do material:** atividades nas quais os alunos descobrem movimentos não característicos de um material (bolas, arcos, bastões, cordas, etc…) mas que possam ser executados. Outra forma de trabalhar a criatividade seria a construção de um novo material (ou reciclando um material já existente).

3) **Da interação corpo-material:** combinações de movimentos corporais com manipulação do material, diferentes formas de lançar, recuperar, rodar, etc…Ou a utilização de materiais de grande porte ou aparelhos convencionais de ginástica de forma diferenciada (trave, plinto, bambu gigante, tecidos, etc…).

4) **Da interação corpo-material-música:** particularmente na combinação de elementos da Ginástica Rítmica e da Dança com uma interpretação da frase musical de forma diferenciada.

5) **Da interação entre parceiros:** nas relações de duplas, trios e quartetos, nas formações simétricas e assimétricas.

Uma maneira de conseguir o desenvolvimento da capacidade criativa depende de tarefas, nas quais:

a) **Os exercícios tenham um aspecto lúdico,** isto é, que se permita a livre sequência de ideias: brincar, fantasiar, imaginar são as melhores fontes para nossas ideias.

b) **A técnica dos exercícios sirva de base para o que se quer criar** e a cada nova aprendizagem as alunas tenham a oportunidade de acrescentar suas próprias ideias.

c) **Os exercícios devem ser assimilados pelas alunas de forma racional** e não somente por imitação.

d) **O volume de repetições dos exercícios de criatividade garanta a fixação do hábito de buscar novas formas de movimento,** de maneira que se estabeleça como uma atividade normal da vida para o futuro, sob quaisquer condições.

e) **Haja a integração e transferência da cultura corporal de movimento regional e nacional, os gestos e movimentos à tarefa de criação.**

f) **Haja momentos de criação individual e de pequenos grupos.**

g) **A diversidade musical esteja presente.**

Bibliografia

ANTUNES,C. ***Jogos para a construção das múltiplas inteligências***. Petrópolis: Vozes, 2003.

BRASIL/SEF. ***Parâmetros curriculares nacionais: introdução aos parâmetros curriculares nacionais***. Secretaria de Educação Fundamental. Brasília: MEC/SEF, 1997.

_____. ***Parâmetros curriculares nacionais (ensino médio)***. Secretaria de Educação Fundamental. Brasília: MEC/SEF, 2000.

CAÇOLA, P. ***Comparação entre as práticas em partes e como um todo e a utilização de dicas na aprendizagem motora de duas habilidades da GR.*** Dissertação (Mestrado em Educação Física). Universidade Federal do Paraná, Curitiba, 2006.

COLL, C. Os componentes do Currículo. *In*: ***Psicologia e currículo: uma aproximação psicopedagógica à elaboração do currículo escolar***. 1ª ed., São Paulo: Ed. Ática, 1996.

D'AMBRÓSIO, U. Enigmas da Criação. *Jornal da UNESP*, nº 131, 1998.

DELORS, J. *Educação um tesouro a descobrir*. Relatório para a UNESCO da Comissão Internacional sobre Educação para o século XXI. São Paulo: Cortez, 1996.

DUARTE, D.; TIBEAU, C. *A dança folclórica como conteúdo da educação física escolar*. Trabalho de Conclusão de Curso. UNIBAN, 2007.

GADOTTI, M. *História das ideias pedagógicas*. São Paulo: Ática,1999.

_____. *Interdisciplinaridade: atitude e método*. www.paulofreire.org/Moacir_Gadotti/Artigos/Portugues/Filosofia_da_Educacao/Interdisci_Atitude_Metodo_1999.pdf.

GALLAHUE, D. L. *Understanding motor development in children*. New York: John Wiley&Sons, 1982.

GARDNER, H. *Estruturas da mente: a teoria das inteligências múltiplas*. Porto Alegre: Artes Médicas, 1996.

_____. Os Padrões dos Criadores. *In*: BODEN, M. *Dimensões da criatividade*. Porto Alegre: Artes Médicas, 1999.

GONÇALVEZ, M. A. S. *Sentir, pensar, agir*. Campinas: Papirus, 1994.

LANÇANOVA; J. *Lutas na educação física escolar: alternativas pedagógicas*. *http://lutasescolar.vilabol.uol.com.br/index.html (s/d)*.

LE BOULCH, J. *Educação psicomotora: a psicocinética na idade escolar*. Porto Alegre: Artes Médicas, 1987.

LEIS, H. *Sobre o conceito de interdisciplinaridade. Cadernos de pesquisa interdisciplinar em ciências humanas*, nº 73. Florianópolis, 2005.

LIPMAN, M. *O pensar na educação*. Petrópolis: Vozes, 1995.

LORENZ,C.; TIBEAU, C. Educação física no ensino médio: estudo exploratório sobre conteúdos teóricos. http://www.efdeportes.com. *Revista Digital*. Buenos Aires. Año 9. N° 66. Noviembre de 2003.

MASLOW, A. *El hombre autorrealizado*. Barcelona: Kairós, 1998.

MATTOS, M. G.; NEIRA, M. G. *Educação Física na adolescência: construindo o conhecimento na escola*. 1º ed. São Paulo: Phorte Editora, 2000.

MORIN, E. *Introdução ao pensamento complexo*. Lisboa: Instituto Piaget, 1990.

MOSSTON, M.; ASHWORTH, S. *La enseñanza de la educacion física – la reforma de los estilos de enseñanza*. Barcelona: Hispano Europea, 1996.

PRADO, D. *365 creativaciones*. Santiago de Compostela: Tórculo, 1997.

ROGERS, C. R. *Liberdade de aprender em nossa década*. Porto Alegre: Artes Médicas, 1985.

_____. *Tornar-se pessoa*. São Paulo: Martins Fontes, 1985.

RUIZ PÉREZ, L. M. *Competencia motriz. Elementos para comprender el aprendizaje en educación física escolar*. Madrid: Gymnos, 1995, ISBN 84-8013-027-X.

SERGIO, M. *Educação física ou ciência da motricidade humana?* Campinas: Papirus, 1996.

_____. *Motricidade humana: contribuições para um paradigma emergente*. Lisboa: Instituto Piaget, 1999.

TIBEAU, C. C. P. M. *Ensino da ginástica rítmica desportiva pelo método global: viabilidade e eficácia*. São Paulo, 1988. Dissertação de Mestrado. Escola de Educação Física da Universidade de S. Paulo, 1988.

_____. Proposta metodológica para o desenvolvimento da criatividade. *ANAIS do VI Congreso de Educación Física y Ciencias del Deporte dos Países de Lingua Portuguesa*. La Coruña, Espanha, 1998.

_____. *Criatividade e criatividade motora: características, indicadores e sua importância na formação profissional*. Tese de doutorado. PUC-SP, 2001.

_____. Concepções sobre criatividade em atividades motoras. *Revista Brasileira de Ciência e Movimento*. 2002.

TRIGO, E. *La creatividad lúdico-motriz*. Santiago de Compostela, Espanha: MICAT Universidad, 1996.

_____. Creatividad Lúdico Motriz. *Revista Internacional de Creatividad Aplicada*, nº 1, 1996.

_____ *et all*. *Creatividad y motricidad*. Barcelona: INDE, 1999. ISBN 84-95114-82-8

_____ Inteligencia creadora e Ludismo. *Actas del IV Congreso de la Ciencias del deporte, la Educacion Fisica y la Recreacion del INEF*. Lleida, 411-422, 1999.

_____ *et all*. *Fundamentos de la motricidad*. Madrid: Gymnos, 2001.

VIGOSTSKI, L. *O desenvolvimento psicológico na infância*. São Paulo: Martins Fontes, 1998.

_____. *Formação social da mente*. São Paulo: Martins Fontes, 1998.

_____. *La imaginación y el arte en la infancia*. Madrid: Akal, 1998.

XAVIER, T. P. *Interação da inteligência corporal-cinestésica com a criatividade: uma abordagem no desempenho de tarefas motoras*. Tese de Doutoramento, Universidade Federal de Santa Maria, RS, 1998.

ZABALA, A. *Enfoque globalizador e pensamento complexo: uma proposta para o currículo escolar*. Porto Alegre: Artmed, 2002

ZABALLA A. Introdução. *In: Como trabalhar os conteúdos procedimentais em aula*. 2ª ed. Porto Alegre: Artes Médicas Sul Ltda, 1999.

ZIMBRES, S F. Educação Física Escolar e cidadania: Uma nova concepção. *Revista Digital*. 2001; 38(7). Disponível em http://www.efdeportes.com